essentials

essentials liefern aktuelles Wissen in konzentrierter Form. Die Essenz dessen, worauf es als „State-of-the-Art" in der gegenwärtigen Fachdiskussion oder in der Praxis ankommt. *essentials* informieren schnell, unkompliziert und verständlich

- als Einführung in ein aktuelles Thema aus Ihrem Fachgebiet
- als Einstieg in ein für Sie noch unbekanntes Themenfeld
- als Einblick, um zum Thema mitreden zu können

Die Bücher in elektronischer und gedruckter Form bringen das Expertenwissen von Springer-Fachautoren kompakt zur Darstellung. Sie sind besonders für die Nutzung als eBook auf Tablet-PCs, eBook-Readern und Smartphones geeignet. *essentials:* Wissensbausteine aus den Wirtschafts-, Sozial- und Geisteswissenschaften, aus Technik und Naturwissenschaften sowie aus Medizin, Psychologie und Gesundheitsberufen. Von renommierten Autoren aller Springer-Verlagsmarken.

Weitere Bände in der Reihe http://www.springer.com/series/13088

Silvia Keil de Ballón

Hocheskalierte Elternkonflikte nach Trennung und Scheidung

Einführung in die Beratung
von Eltern bei Hochstrittigkeit

Springer

Silvia Keil de Ballón
Görlitz, Deutschland

ISSN 2197-6708   ISSN 2197-6716   (electronic)
essentials
ISBN 978-3-658-19721-6   ISBN 978-3-658-19722-3   (eBook)
https://doi.org/10.1007/978-3-658-19722-3

Die Deutsche Nationalbibliothek verzeichnet diese Publikation in der Deutschen Nationalbiblio-
grafie; detaillierte bibliografische Daten sind im Internet über http://dnb.d-nb.de abrufbar.

Gedruckt auf säurefreiem und chlorfrei gebleichtem Papier

Springer ist Teil von Springer Nature
Die eingetragene Gesellschaft ist Springer Fachmedien Wiesbaden GmbH
Die Anschrift der Gesellschaft ist: Abraham-Lincoln-Str. 46, 65189 Wiesbaden, Germany

Was Sie in diesem *essential* finden können

- Erklärungen für die innerpsychische und innerfamiliäre Situation der vom Konflikt betroffenen Familien(-mitglieder)
- Rahmenbedingungen für die Beratungspraxis
- Einen Handwerkskoffer für die Beratung mit hochkonflikthaften Familien

Inhaltsverzeichnis

Einführung

1

In unserer gegenwärtigen Gesellschaft sind Trennung und Scheidung immer häufiger anzutreffende Phänomene. Beziehung unterliegt heute dem Ideal der romantischen Liebe. Dieses Ideal bröckelt häufig nach kürzerer oder längerer Beziehungszeit, die Illusion der Liebesbeziehung mit dem konkreten Partner zerfällt. Dies passiert auch, nachdem Kinder geboren wurden, die nun in das Geschehen der Trennung involviert sind. Die Kinder haben laut UN-Kinderrechtskonvention ein Recht auf beide Elternteile. Durch ein Kind bleiben somit die getrennten Partner, die häufig den jeweils Anderen für den Verlust Ihrer Lebenswirklichkeit verantwortlich machen, als Eltern weiter verbunden. Diese Verbundenheit wird in konfliktreich getrennten Beziehungen, bei denen es bereits im Vorfeld zu vielen Verletzungen kam, als Belastung empfunden. Auch können die Zweifel groß sein, dass der getrennte Partner dem gemeinsamen Kind gut tut. So wird nicht selten aus dem Streit in der Beziehung der Streit ums Kind.

Hochstrittige oder hocheskalierte Elternsysteme zeichnen sich aus durch:

- Anhaltender und intensiver elterlicher Streit nach der Trennung
- Unfähigkeit Lösungen zu finden, die von beiden Elternteilen getragen werden
- Gravierende gegenseitige Vorwürfe
- Einbezug von Rechtsanwälten, Gericht, Jugendamt, Beratungsstellen
- Häufig Einbezug des gesamten familiären Systems und Freundeskreises

Mit dieser Dynamik werden in der Folge verschiedene Berufsgruppen (Familienrichter, Rechtsanwälte, Verfahrensbeistände, Gutachter, Berater in Familienberatungsstellen, Jugendamtsmitarbeiter, Lehrer, Erzieher, Psychotherapeuten u. a. Fachkräfte) tangiert. In nicht wenigen Fällen finden die Eltern auch mithilfe dieser Fachkräfte keine guten Lösungen mehr für die Kinder. Es kann zu jahrelangen Gerichtsverhandlungen kommen, die keinen der Beteiligten zur Ruhe kommen

© Springer Fachmedien Wiesbaden GmbH 2018
S. Keil de Ballón, *Hocheskalierte Elternkonflikte nach Trennung und Scheidung*, essentials, https://doi.org/10.1007/978-3-658-19722-3_1

lassen. Die im Trennungskonflikt ihrer Eltern einbezogenen Kinder leiden häufig sehr unter der Strittigkeit ihrer Eltern. Hochstrittigkeit von Eltern stellt einen hohen Risikofaktor für die kindliche Entwicklung dar.

Dieses Buch ist geschrieben für Fachkräfte, die mit Familien in hocheskalierten Trennungskonflikten arbeiten. Es soll eine Handreichung darstellen, möglichst gute Lösungen mit den Betroffenen zu erarbeiten bzw. einen Weg bereiten, um die Offenheit der miteinander verstrittenen Eltern zu bewirken, Lösungen zuzulassen.

Der besseren Lesbarkeit wegen wurde auf eine gegenderte Sprache verzichtet. Alle Personenbezeichnungen gelten für alle Geschlechter.

Dynamiken von Hochstrittigkeit 2

Zusammenfassung

Die emotionale und innerpsychische Dynamik von Eltern in hocheskalierten Trennungskonflikten unterliegt dem Erleben einer tiefen Krise. Daraus resultierende Handlungen sind wenig geeignet, den Konflikt friedvoll beilegen zu können. Das elterliche, inadäquate Konfliktverhalten hat weitreichende Konsequenzen für die Kinder. Grundlagen von Konfliktentwicklung und Konfliktlösung werden beschrieben.

2.1 Was passiert eigentlich, damit Eltern hochstrittig werden?

Trennung stellt ein kritisches Lebensereignis dar. Natürlich verläuft in einigen Fällen eine Trennung relativ reibungslos, besonders dann, wenn die Eltern sich auseinander gelebt haben, wenn sie beide der Auffassung sind, dass es sich nicht lohne, die Beziehung weiterzuführen und damit die Trennung einvernehmlich geschieht. Hier ist eine folgende Eskalation im Trennungsverlauf unwahrscheinlich.

Viel schwieriger ist schon die Konstellation, wenn nur einer der beiden sich trennen möchte. Der Andere versucht möglicherweise, die Beziehung zu retten. In nicht wenigen Beziehungen sind die Mittel hierzu eine intensivierte Kontaktaufnahme in Form von ständigen Telefonaten, E-Mails und WhatsApp-Nachrichten oder ständigem Erscheinen im Zuhause des Ex-Partners. Häufig werden dann die Kinder instrumentalisiert, indem z. B. Meinungen geäußert werden, dass nur die ganze Familie ein lohnenswertes Leben bieten könne, dass das Leben in einer Trennungssituation unerträglich sei. Die Aufrechterhaltung des Konflikts kann

© Springer Fachmedien Wiesbaden GmbH 2018
S. Keil de Ballón, *Hocheskalierte Elternkonflikte nach Trennung und Scheidung*, essentials, https://doi.org/10.1007/978-3-658-19722-3_2

das letzte Beziehungsglied des ehemaligen Paares sein. Es gibt Menschen, die bevorzugen, die Beziehung weiter zu führen, und wenn dies im Guten nicht mehr geht, dann eben im Schlechten, Hauptsache, die Beziehung wird aufrecht erhalten. Bei einer anderen Gruppe von Eltern sind zwar beide einverstanden mit der Trennung, oft schon Jahre vorher kam es jedoch zu so vielen Kränkungen und Verletzungen, dass diese nun so übermächtig sind, dass der Ex-Partner dämonisiert wird.

So hören Fachkräfte 1001 Geschichten, die alle unterschiedlich sind, und in denen allen gemeinsam ist, dass Schmerz, Wut u. a. als negativ erlebte Emotionen eine übermächtige Rolle spielen.

Folgende Ereignisse führen besonders häufig zu eskalierten Elternkonflikten:

- Verlassen werden vom Partner
- Verlassen werden, weil der Partner eine neue Beziehung hat, besonders erschwert wenn die neue Person aus dem sozialen Umfeld des Elternpaares kommt
- Untreue in der Beziehung, empfundener Verrat
- Empfundene Abwertung während der Beziehung
- Machtkämpfe der Eltern, bereits während der Beziehung
- Destruktive Beziehungsmuster
- Große Unterschiede im Erziehungsstil und/oder Lebensstil

Die Erwachsenen sind in einem seelisch-emotionalen Desaster gefangen. Emotionale Krisen führen zur Regression, und so können sich Konfliktlösungsfähigkeiten verlieren und kindliche Muster der Konfliktverarbeitung in den Vordergrund treten. Diese unreifen Muster sind häufig impulsiv und ungefiltert emotional. Es kommt zu verbalen Attacken, dies vielleicht auch im Beisein der Kinder. Die emotionale Steuerung gelingt nur noch unzureichend. Zu tief sind die Beteiligten verstrickt in ihrem inneren Schmerz. Die Kinder, die durch die Trennung ihrer Eltern ebenfalls eine starke innere Krise erleben, geraten aus dem Blick. Kinder werden im besten Fall von ihren Eltern durch Krisen begleitet. Bei dieser Krise sind die Eltern derart involviert, dass sie kaum noch in der Lage sind, ihre Kinder zu begleiten. Häufig haben sogar die Kinder das Gefühl, ihre Eltern emotional begleiten zu müssen und es kommt zu einer Parentifizierung. Die Eltern brauchen die Fachkräfte als ein Korrektiv: Als jemanden, der einerseits Grenzen setzt und aufzeigt, an welchem Punkt ihr Handeln den eigenen Kindern schadet. Als jemanden der sie andererseits versteht, auf ihre Gefühle eingeht und ihnen Raum gibt.

2.2 Was man über Konflikte wissen sollte

Konfliktstatus

Es macht Sinn, die Konflikte nach den Kategorien akut oder chronisch einzuteilen, da hier verschiedene Interventionen gefragt sind. Zu vergleichen ist das mit Erkrankungen aus dem medizinischen Bereich, auch hier finden wir beispielsweise akute oder chronische Entzündungen, die Behandlung wird unterschiedlich sein, wobei chronische Verläufe i. d. R. schwieriger zu behandeln sind als akute. Auch dieser Vergleich passt auf die eskalierten Familiensysteme, chronische Konfliktverläufe sind meist langwieriger und komplexer in der Begleitung.

Ich spreche dabei von akuten Konflikten bei einem Zeitraum von 2–3 Jahren nach einer Trennung. Diesen Zeitraum brauchen viele Eltern um das kritische Lebensereignis, in der Regel verbunden mit dem Zusammenbrechen eines inneren Lebensmodells, zu verarbeiten. Es handelt sich also im Grunde genommen um eine „normale" Bewältigung eines kritischen Lebensereignisses. Hält der elterliche Konflikt darüber hinaus an, dann ist die „Bewältigung" nicht gelungen und der Konflikt chronifiziert.

Was ist hilfreich in der Begleitung eines akuten Konfliktes?

Es ist im Wesentlichen darauf zu achten, dass keine neuen Verletzungen hinzukommen und es den Eltern gelingt, die erlebten Verletzungen und den Zusammenbruch des Lebensmodells nach und nach zu verarbeiten. Hilfreich ist hierbei der Faktor Zeit. Mit der Zeit heilen Verletzungen, wenn sie nicht wieder neu aufgerissen werden. Die Aufgabe der involvierten Fachkraft ist somit, als Vermittler zu fungieren, notwendige Absprachen zusammen mit den Eltern zu treffen und verletzendem Verhalten keinen Raum zu geben. Hilfreich ist auch, wenn es gelingt, die Eltern dazu zu motivieren, sich bei Bedarf psychotherapeutische Hilfe zu suchen zur Verarbeitung des Erlebten. Gelingt dies, so werden sich beide Eltern nach und nach besser um ihr eigenes Wohlbefinden kümmern können und den Konflikt mit dem anderen Elternteil loslassen können.

Am Anfang des Beratungsprozesses müssen klare Rahmenbedingungen wie die Regelung des Umgangs, das Treffen konkreter Absprachen etc. mit den Eltern verhandelt werden. Es schließt sich sodann eine „Probephase" an, in der die verhandelten Absprachen gelebt werden. Bei auftretenden Schwierigkeiten oder Bedarf an Veränderung steht die Beratungsfachkraft als Vermittler zur Verfügung. Die Eltern verpflichten sich dabei, ALLE auftretenden Konflikte im Rahmen des Beratungsprozesses einzubringen. Es kann mit den Eltern über die Sinnhaftigkeit eines elterlichen Bündnisses zugunsten der gemeinsamen Kinder gesprochen werden. Dürfen die Kinder erleben, dass die Eltern miteinander in Kontakt sind und die Belange der Kinder in Ruhe miteinander regeln können, so können die Kinder innerlich entspannen. Je mehr die elterlichen Stressmuster abgebaut werden, umso wahrscheinlicher wird, dass im weiteren Verlauf an einer kooperativen Elternschaft gearbeitet werden kann. Durch das Einhalten der getroffenen Vereinbarungen verbessert sich in der Regel das Vertrauen der Eltern untereinander und bereitet einen Boden für weitere gemeinsame Elterngespräche.

In Einzelgesprächen kann die Auseinandersetzung mit den eigenen Anteilen eine große Rolle spielen. So kann z. B. die Frage gestellt werden, was sie selbst dafür tun könnten, um ein elterliches Bündnis aufzubauen oder womit sie genau dies verhindern.

Was ist hilfreich in der Begleitung eines chronischen Konfliktes?
Bei chronischen Konflikten wird verletzendes Verhalten, das meist schon in der Beziehung stattgefunden hat, nach der Trennung fortgeführt, häufig in noch destruktiverem Ausmaß als zuvor. Verhaltensweisen haben sich verfestigt und sind zu festen Handlungsmustern und Annahmen über den anderen Elternteil geworden. Hirnphysiologisch haben sich „Autobahnen" ausgebildet, auf denen es zu immer gleichen, emotional hoch eskalierten, Erlebnismustern kommt. Hier ist es viel schwieriger, den Eltern andere Aspekte der Beziehungsgeschichte aufzuweisen und so zu neuen Einsichten zu gelangen. Wie oben schon erwähnt, braucht es hierzu viel Zeit, Beratungsverläufe von 1 ½ bis 2 Jahren, in denen bis zu 40 bis 50 Sitzungen in verschiedenen Settings (Einzel sowie gemeinsam) stattgefunden haben, häufig mit punktuellem Einbezug der Kinder, haben sich als erfolgreich erwiesen. Ein Elternpaar ist hier zu erwähnen, das im Zeitraum von 5 Jahren immer wieder Beratung aufsuchte, es kam immer wieder zu Beratungsabbrüchen und -pausen, die Terminfindung war zuweilen nicht möglich, da wenn ein Elternteil konnte, der Andere nicht konnte und umgekehrt. Die Kinder lebten im Wechselmodell, in 2 völlig voneinander getrennten Welten, und hatten so bei jedem Elternteil eine verschiedene Freizeitaktivität. Der Junge spielte beim Vater im Verein Fußball, das Mädchen ging zum Ballett, bei der Mutter ging der Junge zum Klettern und das Mädchen zum Flötenunterricht. Ein echter Erfolg der sich verbessernden Elternbeziehung war der Punkt, an dem die Eltern gemeinsam auf ihre Kinder schauten und ein Freizeitangebot für jedes Kind auswählten, das sie beide als Eltern unterstützten.

Chronische Konflikte können lebenslang anhalten, was alle Beteiligten massiv belastet. Oft trifft man auf besondere Persönlichkeitseigenschaften der Betroffenen, die eine Hochstrittigkeit begünstigen. Hierbei kann es sich um starre Weltbilder der Betroffenen in Bezug auf Familie, und wie diese zu sein hat, handeln. Je starrer das Weltbild und die innere Haltung, desto weniger werden Kompromisse möglich. Menschen mit einer unflexiblen Persönlichkeitsstruktur nehmen nur das, was sie selber denken und glauben, als die einzige Wirklichkeit an. Andere subjektive Wirklichkeiten können nicht akzeptiert werden.

Schon Schulz von Thun schrieb in seinem Werk „Miteinander reden", dass wir alle subjektiven Wirklichkeitskonstruktionen unterworfen sind. Geprägt durch unsere Biografie, nehmen wir die Wirklichkeit so war, wie sie in unser Wahrnehmungsmuster passt und wie wir sie kennen. Das mache jeden Menschen irgendwie einsam, schreibt er. Der Mensch sei der „Regisseur seines eigenen Schicksals" (Schulz von Thun 2009).

Bei getrennten Eltern die lange Zeit strittig miteinander sind, ist es häufig der Fall, dass jeder glaubt, der andere wolle ihm Böses. Die Wahrnehmung der Eltern ist hier nicht neutral, sondern der Empfang ist auf negativ eingestellt. Alles was der Andere sagt, wird in ein negatives Raster eingefügt und zu seinem Nachteil ausgelegt. Die Betroffenen schauen gewissermaßen durch eine dunkle Brille auf den Ex-Partner. Alles erscheint nun in einem düsteren Licht.

Häufig ist es auch so, dass sich jeder dabei als Opfer fühlt, der dem Anderen nur Gutes will. Der Andere jedoch ist immer derjenige, der ständig attackiert. Wie soll man nun mit so jemandem umgehen?

Hilfreich als Fachkraft ist es, den Blickwinkel der Betroffenen auf den Anderen zu verändern, in ein positiveres Licht zu tauchen. Hierzu kann es notwendig sein, noch einmal auf die gelebte Zeit in der Beziehung zu schauen, und dort kritisch Erlebtes aufzulösen. Es kann auch günstig sein, die Eltern zu fragen, ob sie in fünf, 10,15 Jahren immer noch in diesem Konflikt sein wollen. Ob sie die ganze Zeit über ihre Haltung beibehalten wollen. Wenn nein, dann kann in Einzelgesprächen gezielt an der eigenen Haltung gearbeitet werden. Eckpunkte sind hier, dem Anderen zu verzeihen für erlittenes Unrecht, sich zu entschuldigen bei dem Anderen, für die eigenen Fehler. Letztendlich geht es darum, den Betroffenen zu helfen, ihren inneren Frieden mit der Situation und dem Anderen zu finden. Perspektivenwechsel können hilfreich sein, in jedem Fall ist es nützlich, daran zu arbeiten, das Bild einer Opfer-Täter-Beziehung loszulassen.

2.3 Die neun Stufen der Konflikteskalation nach Glasl

Friedrich Glasl hat ein Konfliktmodell in 9 Stufen entwickelt (Glasl 2011). Bei Stufe eins handelt es sich um einen kleinen Konflikt der sich Stufe um Stufe steigert, bis hin zu Stufe 9, in der es um die Vernichtung des Gegners um jeden Preis geht. Zu diesem Modell ist bildhaftes Material erhältlich (Gugel und Jäger 2009) das die verschiedenen Konfliktstufen visualisiert. Eltern arbeiten häufig gern mit diesen Bildern, es gelingt ihnen gut, sich in dem Modell wieder zu finden und sich einer Konfliktstufe zuzuordnen. Im nächsten Schritt kann daran gearbeitet werden, wie es gelingen könnte, den Konflikt zu lösen. Auch hierzu ist das bildhafte Material der Bilderbox nutzbar. Auf Plakaten und Karten sind Cartoons zur Konfliktlösung und zur Versöhnung zu sehen. Dieses visuelle Material erleichtert oft einen Zugang zum inneren Wunsch nach Frieden und hilft dabei, eigene verhärtete Standpunkte aufzugeben.

Auch für die Fachkraft selbst können diese Materialien hilfreich sein. In welcher Konfliktstufe sieht sie die Eltern? Gibt es hier Chancen der Intervention durch Beratung? Ab Stufe 7 sind die destruktiven Aktionen der Eltern so weitreichend einzuschätzen, das Beratung nicht das Mittel der Wahl ist. Ab Konfliktstufe 7 gehört ein Kind nicht mehr in den elterlichen Konflikt, denn dieser wird mit so intensiven Mitteln ausgetragen, dass es eine Kindeswohlgefährdung bedeutet. Hier braucht es als Maßnahme grenzsetzende Interventionen durch das Jugendamt und/oder das Gericht.

Im Folgenden werden nun die 9 Konfliktstufen vorgestellt (in Anlehnung an die Visualisierung von Gugel und Jäger 2009):

Stufe eins: Verhärtung.

- Sich verhärtende Standpunkte stoßen aufeinander. Dennoch glauben die Beteiligten daran, dass die Konflikte durch miteinander Reden lösbar sind. Es bestehen noch keine starren Gruppen.

Stufe zwei: Debatte.

- Das Denken, Fühlen und Wollen polarisiert sich: Schwarz-Weiß Denken, Haltung von Gewinnen und Verlieren.

Stufe drei: Taten statt Worte.

- Die Parteien glauben, dass Gespräche nicht mehr helfen, die Strategie der vollendeten Tatsachen wird gewählt. Empathie geht verloren, es besteht die Gefahr von Fehlinterpretationen.

Stufe vier: Images, Koalitionen.

- Die Parteien sehen sich gegenseitig in negativen Rollen und bekämpfen sich. Jeder wirbt um Anhänger.

Stufe fünf: Gesichtsverlust.

• Es finden öffentliche und direkte Angriffe statt, die auf Diffamierung des Gegners zielen.

Stufe sechs: Drohstrategien.

• Zunehmend kommt es zu Drohungen und Gegendrohungen. Der Konflikt wird beschleunigt durch das Stellen von Ultimaten.

Stufe sieben: Begrenzte Vernichtungsschläge.

• Der Gegner wird dämonisiert und entmenschlicht. Begrenzte Vernichtungsschläge stellen die „passende" Antwort dar.

Stufe acht: Zersplitterung.

• Zerstörung und Auflösung des „Feindes" stellt das Ziel dar.

Stufe neun: Gemeinsam in den Abgrund.

• Die Betroffenen sehen nur noch die totale Konfrontation ohne Weg zurück. Hingenommen wird die Vernichtung des Gegners zum Preis der Selbstvernichtung.

2.4 Konfliktlösefähigkeiten

Neben der Einschätzung des Konfliktniveaus sollten die bestehenden Konfliktlösefähigkeiten der Eltern betrachtet werden. Konfliktlösefähigkeiten können eine Ressource darstellen, auch bei verhärteten Konflikten.

Der Umgang mit Konflikten wird i. d. R. in der Herkunftsfamilie erlernt. Auch Sozialisationsinstanzen wie Schule und Kindergarten vermitteln Möglichkeiten des Umgangs mit Streit und Konflikt. In manchen Schulen sind bestimmte Schüler zu Schülermediatoren ausgebildet, um den Mitschülern beim Umgang mit Meinungsverschiedenheiten zu helfen.

Günstige Konfliktlösestrategien sind:

- Dem Anderen zuhören
- Den eigenen Standpunkt vertreten ohne den Anderen anzugreifen
- Verständnis für die andere Position entwickeln
- Kompromisse zuzulassen, auch wenn sie eine Abweichung vom eigenen Standpunkt bedeuten
- Eigene Fehler eingestehen
- Sich entschuldigen für eigene Fehler
- Fehler des Anderen verzeihen
- Konflikte loslassen können

Findet man bei den Eltern wenig konstruktive Konfliktlösestrategien, dann kann in der Beratung die Erarbeitung derselben als ein Beratungsziel bzw. -auftrag stehen.

Rahmenbedingungen 3

Zusammenfassung

Eltern in hocheskalierten Konflikten stellen den Sinn von gemeinsamer Beratung oft infrage. Daher braucht es in der Beratung für Fachkräfte und Eltern klare Rahmenbedingungen, die die lösungsorientierte Arbeit erst ermöglichen. Es werden strukturelle Voraussetzungen für die Beratung erörtert sowie die Rahmenbedingungen für die Kooperation mit den Eltern.

3.1 Kooperationsvertrag und Auftraggeber

Beratung im Kontext von Hochstrittigkeit findet nicht immer freiwillig statt. Es kann sein, dass die Eltern im Rahmen eines familiengerichtlichen Verfahrens dazu verpflichtet werden, eine Beratung aufzunehmen. Es kann ebenfalls sein, dass die Eltern im Rahmen einer gerichtlichen Vereinbarung der Beratung zustimmen, obwohl sie nicht wirklich davon überzeugt sind. Sie fühlen sich in dem Moment häufig unter Druck und stimmen der Beratung aus eher taktischen Gründen zu. Das bedeutet, dass bei einer Anzahl gerichtsnaher Beratungen ein Zwangskontext besteht. Ein oder beide Elternteile sehen (noch) nicht den Sinn einer Beratung, sondern wünschen eine schnelle Entscheidung durch das Gericht.

Daher ist es sinnvoll, folgende Punkte in einer schriftlichen Kooperationsvereinbarung mit den Eltern als Voraussetzung zu benennen:

Die Kooperationsvereinbarung wird zwischen der Beratungsstelle/Beratungsfachkraft und den Eltern geschlossen. Als Ziel wird benannt, die das gemeinsame Kind betreffenden Themen zukünftig selbst als Eltern regeln zu können. Die Eltern verpflichten sich, an der Beratung und dem evtl. länger währenden Beratungsprozess aktiv teilzunehmen. Sie verpflichten sich, alles zu unterlassen, was diesen

© Springer Fachmedien Wiesbaden GmbH 2018   11
S. Keil de Ballón, *Hocheskalierte Elternkonflikte nach Trennung und Scheidung*, essentials, https://doi.org/10.1007/978-3-658-19722-3_3

Beratungsprozess boykottiert. Hier ist im Besonderen zu nennen, das Aufnehmen neuer gerichtlicher Verfahren, die das Umgangs- oder Sorgerecht betreffen.

Beratung in einer Familienberatungsstelle und ein Gerichtsprozess sollten nicht parallel laufen. Parallele Prozesse sind nicht sinnvoll, es werden Schreiben von Rechtsanwälten verfasst, die die beiden Eltern häufig gegeneinander aufbringen. Es wird „schmutzige Wäsche gewaschen", und das bringt weiterer Zündstoff in das Elternsystem. Erreicht man in der Beratung eine Entschärfung, dann reicht oft ein Schreiben des Rechtsanwaltes aus, um den Erfolg völlig zunichte zu machen. Deswegen werden die Eltern darüber aufgeklärt, dass es entweder den Weg der Beratung oder den Weg des Gerichtes gibt.

Beratung im laufenden Gerichtsverfahren kann daher nur von Verfahrenspflegern oder lösungsorientierten Gutachtern geleistet werden. Sie sind explizit dazu eingesetzt, im gerichtlichen Verfahren die Stimme des Kindes einzubringen bzw. Lösungen mit den Eltern zu erarbeiten. Hier stellt der gerichtliche Zusammenhang bereits den Rahmen dar, den es für die Arbeit braucht. Das Gericht steht als grenzsetzende Instanz und im Zweifelsfall auch als entscheidende Instanz. Die Ergebnisse dieser Beratungsprozessen durch o. g. Berufsgruppen fließen in die Gerichtsverhandlung mit ein, sie ist Teil des gerichtlichen Verfahrens.

Fachkräfte von Beratungsstellen unterliegen der Schweigepflicht und ohne klare Rahmenbedingungen können die Eltern die Beratung als Bühne nutzen, um ihren Konflikt weiter zu inszenieren, mit dem Publikum der Fachkräfte. Die Ergebnisse der Beratung könnten weder im Gericht noch im Jugendamt genutzt werden.

Daher geben die Eltern in der Kooperationsvereinbarung ihre Zustimmung zur gegenseitigen Entbindung der Schweigepflicht aller am Prozess beteiligten Personen. Insbesondere zu nennen ist hier das Jugendamt, das am Ende des Prozesses eine Rückmeldung erhält, ob es Ergebnisse gibt, und wenn ja, welche. Weitere wichtige Schweigepflichtentbindungen können gegenüber dem Verfahrenspfleger und gegebenenfalls anderen Personen, wie zum Beispiel einer Pflegefamilie getroffen werden. Die Schweigepflichtentbindung betrifft NICHT alle Inhalte der Beratung. Dies würde das Vertrauensverhältnis in der Beratung erschweren, relevante Details könnten aus diesem Grund nicht erwähnt werden. Die Schweigepflichtenbindung sollte fokussieren auf den Verlauf der Beratung:

- Regelmäßige Teilnahme
- Motivation der Beteiligten
- Ermöglichen von Terminen

Zudem sollte die Schweigepflichtentbindung die Mitteilung der Ergebnisse der Beratung enthalten:

• Welche Beratungsziele wurden erreicht?
• Was sind die konkreten Vereinbarungen der Eltern?
• Welche Beratungsziele wurden nicht erreicht? Warum?

Weiterhin verpflichten sich die Eltern in der Kooperationsvereinbarung jegliche Schreiben von Anwälten ruhen zu lassen solange der Beratungsprozess läuft. Für die Handlungen der Anwälte sind jetzt die Eltern verantwortlich. Die Eltern sind die Auftraggeber ihrer Anwälte. Die Anwälte werden nicht von sich aus agieren. Natürlich ist es dennoch hilfreich, wenn im Fall Anwälte tätig sind, die nach Kriterien wie z. B. dem Cochemer Modell o. a. ähnlichen Modellen arbeiten, und mit den Eltern eher Deeskalationsstrategien besprechen als sie aufzuwiegeln. Dennoch verbleibt nun die Verantwortung in den Händen der Eltern, ob es Schreiben und neuerliche Angriffe gibt, oder ob dies unterlassen wird. Wenn gerichtliche Aktivitäten unternommen werden, so wird dies mit den Eltern thematisiert. Oft versucht der entsprechende Elternteil dann zu erklären, warum dieses oder jenes Schreiben doch unbedingt notwendig gewesen sei. Er hat dann die Möglichkeit, auch dieses Schreiben noch einmal zurück zu ziehen, und dieses Agieren zukünftig ruhen zu lassen, oder endgültig den Gerichtsweg einzuschlagen und damit die Beratung zu beenden.

Weitere Rahmenbedingungen sind, dass, wenn zwei Termine in Folge ohne Absage nicht wahrgenommen werden, der Beratungsprozess beendet wird. Es erfolgt dann nur ein abschließender Bericht an das Jugendamt. Bei häufigen Absagen eines Elternteils kann sich die Beratungsfachkraft Nachweise über die Gründe der Absagen vorlegen lassen. Die Eltern werden davon in Kenntnis gesetzt, dass, wenn die Beratungsfachkräfte kindeswohlschädigendes Verhalten der Eltern beobachten, dies zuerst mit ihnen selbst besprochen wird, und, bei fehlender Einsicht oder fehlender Fähigkeit zur Abwendung des schädigenden Verhaltens, auch an das Jugendamt eine Meldung erfolgt. Das kindeswohlschädigende Verhalten bezieht sich in diesen Fällen gewöhnlich auf die elterliche Konfliktdynamik in die die Kinder einbezogen werden.

Auch sollte thematisiert werden, dass die Kinder in den Beratungsprozess einbezogen werden können.

Weiterhin ist zu klären, mit wem die Beratungsfachkräfte zusammen arbeiten sollten. In manchen Orten übergeben die Familienrichter die Beratungsaufträge für die Eltern direkt an die Fachkräfte der Beratungsstellen. Manchmal werden die Fachkräfte bereits zur Gerichtsverhandlung eingeladen. Besonders in größeren Städten ist aufgrund großer Entfernungen zwischen der Beratungsstelle und dem Familiengericht eine Teilnahme am Gerichtsverfahren häufig nicht möglich. Wie kommt dann der gerichtliche Beratungsauftrag zur Fachkraft der Beratungsstelle? In diesen Fällen hat es sich als günstig erwiesen, das Jugendamt als Vermittler zu nutzen. Es nimmt immer ein Jugendamtsmitarbeiter am Gerichtsverfahren teil, er sollte einen Termin für die Eltern in der Beratungsstelle vereinbaren. Zu diesem Termin erscheinen beide Eltern, der Jugendamtsmitarbeiter und die fallführende Beratungsfachkraft. Bei dem Gespräch vermittelt der Jugendamtsmitarbeiter die Ergebnisse aus der Gerichtsverhandlung und die Ziele für die Beratung. Sollten die Eltern noch andere zusätzliche Ziele haben, können diese mit aufgenommen werden. Die Ziele und die nächsten konkreten Beratungstermine werden in der Kooperationsvereinbarung aufgeführt.

Können sich die Eltern zu bisher strittigen Fragen in der Beratung verständigen, dann sollten die erzielten Vereinbarungen schriftlich notiert und von beiden Eltern unterzeichnet werden. Das Notieren getroffener Vereinbarungen übernehmen i. d. R. zu Beginn des Beratungsprozesses die Fachkräfte, diese Aufgabe sollte jedoch später von den Eltern selbst übernommen werden. Dies stellt bereits ein Einüben konstruktiver Konfliktlösestrategien mit verbindlichem Charakter dar.

So haben beide Eltern sowie die Beratungsfachkraft eine elterliche Vereinbarung mit allen Details ihrer Absprachen. Diese elterliche Vereinbarung kann als Ergebnis auch das Jugendamt und/oder das Gericht erhalten.

Am Ende der ersten Sitzung unterschreiben die Eltern und die Beratungsfachkraft den Kooperationsvertrag. Nach spätestens drei Beratungen erfolgt eine Zwischenauswertung. Sie erfolgt mit den Eltern zusammen, ausgewertet wird, ob der Prozess zielführend erscheint oder nicht. Sollte aus beraterischer Sicht dieser Prozess nicht zielführend erscheinen, so wird er beendet und an das Jugendamt/ Gericht zurückgegeben mit einer kurzen Information bezüglich der Teilnahme an der Beratung und Gründen für die Beendigung. Auch die Eltern können sich an dieser Stelle äußern, wie zielführend der Prozess für sie selbst ist.

Bei aussichtsreicher Lage läuft die Beratung an dieser Stelle weiter, daraus können sich lange Beratungsprozesse entwickeln, bei denen es zu Lösungen kommt. Auch an dieser Stelle wird das Jugendamt/Gericht davon informiert, damit ein bereits feststehender nächster Gerichtstermin vorläufig ausgesetzt wird, um der Beratung eine Chance zu geben. Der Gerichtsprozess bleibt in diesem Fall offen, bis die Fragen, die zum Gerichtsprozess geführt haben, geklärt sind oder bis zu dem Punkt, wo die höchstmögliche Kooperationsfähigkeit der Eltern erreicht ist und die Beratung an ihre Grenzen kommt.

Die Eltern können auch nach Abschluss des Beratungsprozesses jederzeit wieder Beratung in Anspruch nehmen. Dies ist sowohl einzeln als auch gemeinsam als Eltern möglich. Von dieser Möglichkeit wird häufig Gebrauch gemacht, besonders bei gelungenen Beratungsprozessen. Tauchen neuerliche Konflikte oder notwendige Veränderungen in bestehenden Regelungen auf, so suchen die Eltern gern erneut die Beratungsstelle auf, um sich unterstützen zu lassen.

3.2 Zusammenarbeit mit anderen Professionen

Eine Zusammenarbeit von Fachkräften der Beratungsstellen ist mit dem Jugendamt, wie oben beschrieben, notwendig, mit Umgangs- und Verfahrenspflegern häufig sinnvoll. Verfahrenspfleger sind diejenigen Akteure, die direkt mit den Kindern arbeiten. Sie haben sich mit den Kindern unterhalten, haben erforscht, was die Bedürfnisse der Kinder in Bezug auf die Nachtrennungsfamilie sind. Sie können Auskunft darüber geben, in welchem Spannungsfeld die Kinder stehen und was sich die Kinder von ihren Eltern wünschen.

Umgangspfleger können Auskunft über Bindungsmuster der Kinder zu ihren Eltern geben, zu Beziehungsqualität und familiärer Dynamik.

Verfahrenspfleger sind im Rahmen des gerichtlichen Verfahrens tätig und pausieren ihre Tätigkeit normalerweise während eine Beratung läuft. Umgangspfleger bahnen Umgänge an oder begleiten diese, auch parallel zu Beratungsprozessen. Hier sind Absprachen zwischen der Beratungsfachkraft und dem Umgangspfleger notwendig: Was sind gute Bedingungen für den Umgangspfleger und gute Bedingungen für die Beratungsfachkräfte? Ziel ist, in eine Richtung zu arbeiten.

Auch kann es eine Zusammenarbeit zwischen lösungsorientierten Gutachtern und Beratungsfachkräften geben, sofern diese in den Prozess involviert sind. Mit Anwälten wird nur ausnahmsweise zusammengearbeitet, da die Eltern die Verantwortung für die anwaltlichen Aktivitäten behalten. Es gibt jedoch Ausnahmen, bei denen Anwälte wichtige Punkte anfragen und auch diesbezüglich noch einmal mit den Eltern arbeiten können.

Beispiel

In der Beratung mit den beiden hochstrittigen Elternteilen ging es darum, den Umgang zwischen dem Vater und seiner achtjährigen Tochter wieder zu herzustellen. Das Gericht hielt einen Umgang jedes zweite Wochenende Samstag und Sonntag dem Kindeswohl entsprechend. Die Einstiegsphase in die Beratung bestand in einem Prozess des begleiteten Umgangs. Dies beinhaltet eine bestimmte, begrenzte Anzahl von Umgangsterminen, die durch eine Fachkraft begleitet sind. Daneben finden ebenso viele Termine Elternberatung statt. Im konkreten Fall war bei der Umgangsbegleitung ein inniges Vater-Tochter-Verhältnis ersichtlich Die Tochter äußerte jedes Mal, es sei viel zu wenig Zeit, die sie mit ihrem Papa verbringe. Der Vater seinerseits machte viele Spielangebote, ging adäquat auf die Bedürfnisse seiner Tochter ein und konnte auch Grenzen setzen.

In der Beratung ging es trotz der bereits im Gericht festgelegten Umgangsintervalle noch einmal darum, wie lange und wie oft der Umgang stattfinden solle. Der Vater wollte und konnte sich nicht mit dem im Gericht festgelegten Umgangszeitraum zufrieden geben. Die Mutter ging einen Kompromiss ein, bot an, dass das Mädchen jedes zweite Wochenende statt bis Sonntag bis Montag beim Vater bleiben könne. Die Minimalforderung des Vaters war jedoch, das Mädchen von Freitag bis Montag bei sich zu haben. Auf diesen Kompromiss konnte sich die Mutter nicht einlassen. Das Ergebnis war, dass der Vater, gefangen in seiner Verletzung, sagte, er werde dann gar keinen Umgang mit seiner Tochter haben. Das Mädchen, das in den Beratungsprozess in Form von Einzelgesprächen einbezogen war, trauerte sehr darüber, wollte sie doch möglichst viel Zeit mit ihrem Papa verbringen. Der Beratungsprozess wäre an diesem Punkt trotzdem gescheitert, wenn nicht der Anwalt des Vaters einige Tage später in der Beratungsstelle angerufen hätte, und sich erkundigt hätte, warum der Vater nun keinen Umgang mit seiner Tochter habe, wo es doch einen Gerichtsbeschluss gebe. Die Fachkraft erklärte dem Anwalt das Problem und dieser wirkte nochmals auf den Vater ein, dass es besser sei, die angebotene Umgangszeit in Anspruch zu nehmen, als keinen Kontakt mit der Tochter zu haben. Zähneknirschend konnte sich der Vater schließlich darauf einlassen.

Im Langzeitverlauf ist das als günstig zu werten, da der Vater durch den nun regelmäßigen stattfindenden Kontakt mit seiner Tochter seine negativen Emotionen gegenüber der Mutter zum Teil abbauen konnte. Er wirkte zunehmend entspannter, die Übergaben gelangen. Die anfangs fehlende Bindungstoleranz des Vaters verbesserte sich zusehends. Das Mädchen profitierte sehr durch den regelmäßigen Kontakt mit ihrem Vater. Dieser Fall hätte ohne die Hilfe des Anwalts, der ja vom Vater als parteiisch für ihn erlebt wurde und von dem er deshalb besser Vorschläge annehmen konnte, keinen guten Abschluss gehabt.

3.3   Strukturelle Vorbedingungen

Hilfreiche Voraussetzungen für eine gelingende Beratung sind:

Eltern in getrennte Wartebereiche setzen
Warten die Eltern bereits im Vorfeld der Beratungen in einem gemeinsamen
Raum, so reichen zuweilen wenige Minuten, in denen schon eine Eskalation ent-
standen ist, bevor die Beratung begonnen hat. Eventuell verlässt sogar einer der
Eltern die Beratungsstelle
    Die Eltern sind gekommen, da es einen neutralen Vermittler geben wird. In
dem Moment, wo sie in einem Raum gemeinsam warten, gibt es diesen Vermittler nicht. Daher ist auf getrennte Wartebereiche zu achten, um den Schutz für die
emotionale Befindlichkeit der Klienten im Vorfeld der Beratung sicherzustel-
len. Hier ist auch zu bemerken, dass bereits die Wartesituation eine Rolle für die
kommende Beratung spielt. Hängen z. B. bereits im Wartezimmer Materialien zu
Konfliktlösung und Versöhnung aus, so können sich Elternteile bereits darauf ein-
stimmen, worum es in der Beratung gehen wird.

Sitzordnung in der Beratung beachten
Die Elternteile sollten nebeneinander sitzen, gegenüber die Fachkräfte, es kann
ein leerer Stuhl als Symbol für das Kind zwischen die Elternteile gestellt werden.
Wenn sich die Eltern gegenüber sitzen, wird eine direkte Konfrontation gefördert.
Die Eltern sprechen dann meist direkt miteinander, während es am Beginn des
Beratungsprozesses nützlich ist, dass die Eltern ihre Anliegen mit den Beratungs-
fachkräften besprechen und diese das Wort dann an den anderen Elternteil rich-
ten.

3.4   Struktur der Beratung

Besonders zu Beginn der Beratung ist es hilfreich, eine Struktur für die Gespräche mit den Eltern vorzugeben. Diese bezieht sich einerseits darauf, wie sich
die Eltern im Gespräch verhalten sollten, andererseits geht es auch um zentrale
Inhalte der Beratungsgespräche.

Gesprächsregeln definieren
Der Schutz der Klienten in der Beratungsstelle muss gewährleistet sein. Dies
bezieht sich nicht nur auf physische Angriffe, sondern auch auf verbale. Daher

ist eine wichtige Regel, dass die Eltern sich gegenseitig nicht beleidigen oder abwerten. Geschieht dies immer wieder trotz wiederholten Hinweises seitens der Beratungsfachkräfte, so kann eine Beratungssitzung abgebrochen werden. Dies kann hilfreich sein, um die Disziplin der Eltern dahin gehend zu erhöhen, sich mit negativen Äußerungen zurückzuhalten. Andere Regeln sind zum Beispiel, dass die Eltern sich gegenseitig nicht unterbrechen und den anderen ausreden lassen, die Beratungsfachkräfte jedoch jederzeit unterbrechen dürfen, wenn der Inhalt des Gesagten in destruktive Bahnen läuft.

Themen sammeln und Reihenfolge festlegen
Begonnen wird die Beratung mit dem vorrangigsten Thema, die Ausnahme ist, wenn dieses das größte, umfassendste Thema ist, z. B. eine Lösung zum Sorgerecht zu finden. Dann sollte zuerst an kleineren, erreichbaren Zielen gearbeitet werden. Währenddessen kann bereits an der Art und Weise der elterlichen Kommunikation gearbeitet werden. Hat sich diese verbessert, so bestehen bessere Chancen, auch größere Konfliktthemen aussichtsreich zu behandeln.

Zusammenfassung

Die Wahl des Settings ist grundlegend für ein Gelingen der Beratung. Im Erstgespräch werden meist grundlegende Faktoren der elterlichen Kommunikation deutlich, und es kann entschieden werden, ob die Beratung vorerst im Einzelsetting erfolgt oder gleich mit beiden Eltern gemeinsam. Weiterhin werden das Co-Beratungsmodell und das Fürsprechermodell vorgestellt.

4.1 Einzelsetting

Besonders zu Beginn der Beratung ist es hilfreich, dass jeder Elternteil zuerst seine eigene Sichtweise in Bezug auf die Beziehungsgeschichte, die Trennung und den Trennungskonflikt erzählen kann. Die ganz persönliche Geschichte des Klienten sollte gewürdigt werden. Durch Verständnis der Beratungsfachkraft kann Vertrauen aufgebaut werden. In den Einzelgesprächen wird es möglich, den Menschen als Ganzen wahrzunehmen, ihn zu akzeptieren mit seinen Stärken und Schwächen, seine Welt kennen zu lernen. Er bleibt nicht länger reduziert auf sein Konfliktverhalten, das er im Beisein des Ex-Partners zeigt. Fühlt sich der Klient verstanden und akzeptiert, dann wird es möglich, mit ihm auch unangenehme Dinge zu besprechen, zu konfrontieren, ihm neue Sichtweisen aufweisen.

Auch im weiteren Verlauf der Beratung können immer wieder Sitzungen im Einzelsetting erfolgen. Dies ist besonders dann notwendig, wenn es um Konfrontation von Elternteilen geht. Hier darf dem anderen Elternteil keine neue Munition geliefert werden, indem er miterlebt, wie dem Elternteil schwierige Verhaltensmuster klargemacht werden. Das Einzelsetting ist auch dann notwendig, wenn Elternteile eigene emotionale Themen (Wut Trauer usw.), eigene

© Springer Fachmedien Wiesbaden GmbH 2018
S. Keil de Ballón, *Hocheskalierte Elternkonflikte nach Trennung und Scheidung, essentials*, https://doi.org/10.1007/978-3-658-19722-3_4

Verstrickungen in der Familiengeschichte und andere eigene Themen, die dennoch mit dem Konfliktfeld in Zusammenhang stehen, bearbeiten wollen.

Man sollte jedoch achtsam sein: Es werden in den Einzelsitzungen häufig „mächtige" Geschichten erzählt, die den Anderen als wahres Monster erscheinen lassen. Diese Darstellung der Realität ist als subjektive Wahrheit des Erzählers zu werten. Aus der Perspektive desjenigen, über den erzählt wird, kann sich eine ganz andere Sicht der Dinge darstellen. Daher ist es wichtig, die Informationen aus den Einzelgesprächen miteinander abzugleichen. Zentral ist, dass nicht die Geschichte desjenigen, der seine Geschichte als erster erzählen darf, als objektive Wahrheit angenommen wird. Denn dann ist derjenige, der als Zweiter erzählt, immer im Nachteil. Dann wird derjenige die Fachkraft als parteiisch erleben, was nicht selten passiert. Da die Geschichten mit hoher emotionaler Intensität erzählt werden, wirken sie packend, erschreckend, überzeugend. Jedoch ist die subjektive Sicht des Betroffenen durch die hohe emotionale Involviertheit geprägt. Daher gilt: Es sind beide Versionen der Geschichte anzuhören und gleichwertig nebeneinander zu stellen. Man sollte keine Bündnisse eingehen und nicht für eine Variante der Geschichte miteifern. Der Blick ist darauf zu richten, wie jeder Elternteil mit seiner jeweiligen Geschichte am besten weiter nach vorne schauen kann im Hinblick auf eine gemeinsame Elternschaft.

4.2   Gemeinsame Beratungen mit den Eltern

Wenn konstruktive gemeinsame Gespräche mit den Eltern möglich sind, dann sollten diese eingesetzt werden. Hier können vereinbarte Themen besprochen und Lösungen möglich werden. Als Beratungsfachkraft sorgt man für eine möglichst stressarme und entspannte Atmosphäre. Verbale Übergriffe auf den anderen Elternteil werden nicht zugelassen, um den Schutz jeder einzelnen Personen zu gewährleisten. Natürlich wird es immer wieder Vorwürfe oder Angriffe auf den Ex-Partner geben, es ist jedoch immer wieder der Faden zurückzuführen zu den Zielen, die sich die Eltern selber gesteckt haben, zu dem, was sie in diesem Gespräch erreichen wollen.

Die gemeinsamen Gespräche mit den Eltern stellen oft eine hohe Herausforderung für Beratungsfachkräfte dar. Viele intensive Emotionen sind im Raum, die Fachkraft muss strukturieren, begrenzen und verstehen. Hier ist im Nachgang an die Beratung auf eine gute Psychohygiene zu achten.

Werden jedoch, wenn auch vorerst vielleicht nur kleinschrittige, Lösungen im Sinne des Kindes gefunden, dann ist es gut, diesen Prozess weiterzuführen.

Abgesprochene Dinge können ausprobiert werden und in einer weiteren Beratung erneut ausgewertet werden. Eltern berichten oft, dass diese Gespräche zwar sehr anstrengend für sie seien, aber sehr hilfreich. Es sei der einzige Ort, an dem es einen Austausch zwischen ihnen als Eltern gebe. Es sei möglich, in der Beratung miteinander zu reden. In hochkonflikthaften Familien ist hier deutlich der Vorteil einer Co-Beratung zu sehen: Jeder hat bereits Einzelgespräche mit „seinem" Berater geführt, er fühlt sich jetzt gut aufgehoben und vertraut darauf, dass „sein" Berater ihn unterstützen wird bei der Lösung der Konflikte. Dies entspannt die Klienten häufig und führt zu einer verbesserten Arbeitshaltung.

In der Beratung hat die Fachkraft neben der Vermittlungsrolle die Rolle des Moderators. Als Moderator achtet sie auf die Einhaltung bestimmter Gesprächsregeln, sie führt das Gespräch und lenkt die Themen.

Eine weitere Rolle ist die, den Eltern dabei zu helfen, gute Entscheidungen für ihr Kind zu treffen. Daher lässt die Fachkraft wichtige Informationen in Bezug auf die Entwicklung des Kindes und dessen Bedürfnisse psychoedukativ in das Gespräch mit einfließen. Sie kann zum Beispiel Risikofaktoren aufzählen für die Entwicklung des Kindes, wenn der Elternkonflikt bestehen bleibt. Dies kann zu einer Änderung der Gedanken und des Verhaltens bei den Eltern führen. Sie kann auf die Bedeutung des elterlichen Bündnisses für das Aufwachsen der Kinder hinweisen.

Ein gelingendes elterliches Bündnis der Eltern wäre wohl der größte Faktor, um das Kind nach der Trennung in seinem Erleben zu stärken. Die Trennung der Eltern stellt auch für das Kind ein kritisches Lebensereignis dar. Kinder fühlen sich häufig allein mit ihrem Problem, da sie die Eltern als hochgradig emotional belastet und im Kampf miteinander erleben. In diesem Sinne auf ein Bündnis der Eltern zugunsten der Kinder zu fokussieren ist eine großartige Intervention für die Kinder. Den Eltern klar zu machen, dass sie, wenn sie die elterliche Kompetenz und das Ansehen des anderen Elternteils in den Augen der Kinder schwächen, ihren Kindern schaden, ist ein wichtiger Perspektivwechsel. Das Kind braucht seine beiden Eltern, der Verlust eines Elternteiles, sei es real oder psychisch durch Entwertung desselben, bewirkt, dass sich die Kinder für diesen Teil in sich schämen. Ihr Selbstwert sinkt.

Beratungsfachkräfte fühlen sich in diesen Beratungen zuweilen so, als ob sie mit den Eltern in einem kleinen Boot auf einem Wildwasserfluss den Berg hinunter rauschten, und immer wieder müssten sie das Boot ins Gleichgewicht bringen, damit es nicht umkippt und untergeht. Es ist jedoch immer wieder möglich, mit den Eltern die Stromschnellen und Wasserfälle zu meistern und schließlich in einem ruhigen See anzukommen.

4.3   Co-Beratung

Als Co-Beratung wird die Beratung hochstrittiger Eltern mit zwei Beratungsfachkräften bezeichnet. Die Entscheidung, ob eine Beratung als Co-Beratung
stattfindet oder nicht, wird durch mehrere Überlegungen entschieden. Diese Entscheidung kann auch jederzeit im laufenden Prozess verändert werden.

Ein wichtiger Punkt ist die Beziehung, die man als Fachkraft zu beiden Elternteilen hat. Voraussetzung dafür, eine Beratung mit hochstrittigen Eltern allein
zu übernehmen, ist, dass eine vertrauensvolle Beratungsbeziehung zu BEIDEN
Elternteilen besteht. Dies gelingt nur, wenn die Fachkraft sich in einer „Neutral-
position" befindet, in der die Argumente beider beiden Eltern ungefähr gleich viel
wiegen. Spürt sich hingegen die Fachkraft parteiisch zu einer der beiden Seiten,
dann kann die Co-Beratung das Gleichgewicht wieder herstellen. Hier ist die
Fähigkeit der Fachkraft zur Selbstreflexion unabdingbar.

Das zweite Kriterium für eine CO-Beratung ist das Konfliktniveau. Als Skala
zur Einschätzung sind die neun Konfliktstufen nach Glasl (Glasl 2011) sinnvoll,
hier kann abgeschätzt werden, ob im konkreten Fall Beratung sinnvoll ist. Bei den
Konfliktstufen 1–3 ist es häufig möglich, den Beratungsprozess alleine zu führen.
Bei den Konfliktstufen 4–6 ist Co-Beratung i. d. R. hilfreich. Die Konfliktdynamik ist sehr spannungsgeladen. Strukturierung, Gesprächsführung und Begleitung sind allein oft kaum durchführbar. Ein weiterer Vorteil von 2 Fachkräften ist,
dass in besonders kritischen Situationen die gemeinsame Beratung unterbrochen
werden kann und die beiden Co-Berater mit jeweils „ihrem" Klienten einzeln
sprechen können. Ein weiteres Vorgehen kann dann durch die beiden Co-Berater
abgestimmt werden. Ab der Konfliktstufe 7 ist Beratung nicht mehr angezeigt.
Natürlich gibt es immer Ausnahmen und auch ist der Beratungsprozess nie sta-
tisch, wodurch es zu deutlicher Zuspitzung oder Reduktion des Konflikts im weiteren Verlauf kommen kann.

Co-Beratung ist auch angezeigt, wenn es zu negativen Übertragungen kommt.
Nehmen wir als Beispiel, dass ein Klient sich durch die Fachkraft an eine andere
Person erinnert fühlt, mit der er schlechte Erfahrungen gemacht hat. Mit aus-
schließlich dieser Fachkraft zu arbeiten, könnte bei ihm negative Erinnerungen
wach rufen, die in der Folge den Beratungsprozess blockieren.

Auch kann es sinnvoll sein, ein geschlechtergemischtes Co-Beratungsteam zu
bilden, um besonders auf geschlechtsbezogene Themen wie z. B. Bedeutung von
Mutterschaft/Vaterschaft eingehen zu können.

Von der Praktikabilität her ist es so: Berät eine Fachkraft alleine, so wird eine
häufigere Sitzungsdichte möglich und das beschleunigt den Prozess. Es ist häufig

schwierig, mit vier Personen einen gemeinsamen Termin zu finden. Die Eltern beschweren sich, wenn die Beratungssitzungen nur in großen Abständen möglich sind. In der Tat ist dies auch häufig für den Prozess von Nachteil. Daher ist es immer sinnvoll abzuwägen, ob wirklich zwei Fachkräfte für den Beratungsprozess notwendig sind. Ist das jedoch der Fall, so sollte nicht auf diese Möglichkeit verzichtet werden.

Ein Risiko im Co-Beratungsmodell kann die Spiegelung des Konfliktes auf Beraterebene darstellen. Jeder Berater ist mit „seinem" Klienten in intensiverem Kontakt, was ein besseres Verständnis für diesen und mehr Unverständnis für den anderen Elternteil generieren kann. Auch spielen die Persönlichkeiten und eigenen biografischen Erfahrungen der Fachkräfte eine Rolle, sodass es zu bewussten und unbewussten Bündnissen mit einem Klienten kommen kann. Um ein solches Dilemma wieder aufzulösen bedarf es regelmäßiger Fallberatung und Supervision sowie eine Auswertung eines jeden Gesprächs im Anschluss an die Sitzung durch die beiden Co-Berater. Voraussetzung hierfür ist eine hohe Transparenz der Berater, eigene Befindlichkeiten müssen reflektiert und gemeinsam besprochen werden. Nur durch diese Offenheit kann die Beratung konstruktiv weitergeführt werden, Strategien können entwickelt werden für den weiteren Verlauf der Beratung.

4.4 Fürsprechermodell

Beim Fürsprechermodell gibt es keine gemeinsamen Elterngespräche. Es kann angewendet werden wenn:

- bei einem oder beiden Elternteilen keine Bereitschaft dafür da ist, sich mit dem anderen Elternteil in einem Raum zu befinden
- ein oder beide Elternteile sich nicht in der Lage fühlen sich mit dem anderen Elternteil in einem Raum zu befinden
- im Rahmen des Gewaltschutzgesetzes ein Elternteil eine Bannmeile einhalten muss
- die Beratungsfachkräfte einschätzen, dass gemeinsame Gespräche derart destruktiv geführt werden, dass sie eher zu einer Verschlimmerung der Situation beitragen

Beim Fürsprechermodell hat jeder Elternteil eine eigene Beratungsfachkraft. Diese führt Einzelgespräche mit dem Elternteil, sie lotet die Konfliktdynamik aus und alles, was bereits oben im Kapitel zu Einzelgesprächen beschrieben ist. Die

Beratungsfachkraft fragt die Klienten, was hilfreich sein könnte, um den Konflikt zu reduzieren. Was bräuchten sie vom anderen Elternteil, damit sich die Situation ein bisschen entspannen könne. Berater A spricht also mit Klient A und Berater B spricht mit Klient B. Im nächsten Schritt geht Berater A für ca. 10–15 min mit in das Gespräch von Berater B und Klient B. Er berichtet, was Klient A bräuchte, damit der Konflikt ein bisschen reduziert werden könnte. Berater B und Klient B hören zu, Berater B besänftigt Klient B, wenn dieser in die Diskussion mit Berater A einsteigen will. Nachdem alles gesagt ist, verlässt Berater A den Raum. Berater B bespricht mit Klient B was er nun gehört hat, er bespricht die Punkte, die ihn emotional aufgewühlt haben. Dies kann von der eigenen Beratungsfachkraft wiederum mit Verständnis angeschaut werden, wodurch innere Konflikte eher gelöst werden können. Er bespricht auch mit ihm, was er wiederum von Klient A bräuchte, damit der Konflikt sich für ihn ein bisschen reduzieren könne. In der nächsten Sitzung von Klient A und Berater A kommt Berater B mit hinzu, er berichtet von den Ergebnissen bezüglich der Wünsche von Klient A und äußert die Vorstellungen von Klient B.

Der Vorteil ist, dass die Beratungsfachkräfte die von den Klienten genannten Themen „neutralisieren" können. Die Darstellung von Vorstellungen und Wünschen von Eltern ist zuweilen massiv fordernd, angreifend, abwertend oder in anderer Hinsicht destruktiv. Die Fachkraft kann das eigentliche Thema, um das es geht, nun in wertschätzender Form vermitteln, wodurch es dem anderen Elternteil ermöglicht werden kann, eher darauf einzugehen. Sagt zum Beispiel der Klient, dass sich der Konflikt reduzieren würde, wenn der andere ihn nicht immer mit blöden E-Mails tyrannisieren würde, die sowieso abwertend verfasst seien usw., so formuliert der Berater in dem Gespräch mit dem anderen Elternteil das Ganze ein bisschen um: Er sagt, dass A sich freuen würde, wenn er weniger E-Mails erhalten würde, und wenn, dann sachdienliche Mails mit eben jenen Informationen, die notwendig sind, und nicht mehr. Die Klienten bekommen somit die Botschaften ihres Gegenübers in einer annehmbaren Übersetzung vermittelt, und können daher besser auf die Inhalte hören.

Dennoch löst es bei den Elternteilen oft ein emotionales Desaster aus, wenn die Fachkraft des anderen Elternteils deren Vorstellungen vermittelt. Eine direkte Übertragung ist ersichtlich, die Fachkraft des Anderen wird i. d. R. als parteiisch mit dem Anderen erlebt bzw. als Stellvertreter wahrgenommen.

Hier gilt in Bezug auf die Beratung das Gleiche wie beim Modell der Co-Beratung: Es braucht offene und transparente Kommunikationsformen der Fachkräfte miteinander, regelmäßige Fallberatung, Supervision und anschließende Auswertung der Gespräche.

Einbezug der Kinder

Zusammenfassung

Es gibt verschiedene Möglichkeiten, um die Kinder in den Beratungsprozess einzubeziehen. Es sollte mindestens ein indirektes Einbeziehen der Kinder geben. Werden die Kinder direkt in den Beratungsprozess mit einbezogen, muss genau überlegt werden, wie das geschehen kann. Lädt man die Kinder zusammen mit den Eltern ein, so sind massive Loyalitätskonflikte der Kinder zu befürchten. Daher werden Möglichkeiten vorgestellt, die Kinder zu hören, ohne ihre inneren Konflikte zu erhöhen

5.1 Indirekter und direkter Einbezug

Mit dem indirekten Einbezug der Kinder ist gemeint, dass die Kinder nicht persönlich in der Beratung erscheinen, sondern sie symbolisch, zum Beispiel als leerer Stuhl oder als Stofftier, in der Beratung mit den Eltern einen Platz finden. Es löst immer etwas aus, wenn die Eltern ein Gewahrsam dafür entwickeln, dass es um ihr Kind geht. Daher sollte das Kind für die Eltern gedanklich und emotional in der Beratung anwesend sein.

Der direkte Einbezug der Kinder ist stark vom Alter des Kindes abhängig. Babys und Kleinkinder machen keine eigenen Aussagen. Wenn sie in der Beratung mit anwesend sind, so kann das Bindungsverhalten zwischen Mutter und Kind und Vater und Kind beobachtet werden. Dies ist auch häufig im Rahmen von begleiteten Umgängen von Belang und stellt eine Interaktionsbeobachtung zwischen dem Kind und den Elternteilen dar. Interaktionsbeobachtungen können auch mit größeren Kindern Sinn machen. Ausgewertet werden können folgende Kategorien:

- Wie ist die Beziehung zwischen Kind und Elternteil?
- Was gibt es für Unterschiede in der Beziehung zu den einzelnen Elternteilen?
- Wie sind die Verhaltensweisen des Kindes in Bezug auf den Elternteil (z. B. anklammerndes Verhalten, abweisend, entspannt, …)?
- Wie ist das Bindungsverhalten des Kindes?
- Wie ist die emotionale Unterstützung durch die einzelnen Elternteile?
- Kann angemessen eingegangen werden auf die Bedürfnisse des Kindes? Altersangemessen?
- Wie ist die Reaktion des Kindes auf die Beratungsfachkraft (Fremde)?
- Wie ist das Sozial- und Spielverhalten des Kindes?

In der Rückmeldung an die Eltern können positive und stärkende Interaktionen benannt und verdeutlicht werden. Es ist zuweilen für Elternteile eine Entlastung von der Fachkraft zu hören, dass der andere Elternteil sich gut gekümmert hat und welche Verhaltensweisen besonders konstruktiv waren. Manche Elternteile wünschen sich, dass eben NICHT ihre schlimmen Erfahrungen bestätigt werden. Dann können sie ihre Sorge um das Kind loslassen, wenn es beim anderen Elternteil ist.

Sollte es kritische Beobachtungen geben, so sollten diese im Einzelsetting mit dem jeweiligen Elternteil erörtert werden.

5.2   Das kindzentrierte Interview

(In Anlehnung an das themenzentrierte Kinderinterview von Hans-Peter Bernhard, IMS München (Bernhardt 2013)).

Im Beratungsprozess ist es meist wichtig, die Position des Kindes zu kennen. Häufig glauben Elternteile, sie wissen, was der Wunsch des Kindes ist und welche Gefühle es hat. Dies geschieht besonders in symbiotischen Beziehungen, bei denen Elternteile den Kindern keine eigenen Gefühle zugestehen, sondern automatisch annehmen, dass die eigenen Gefühle mit denen des Kindes identisch sind.

Ab einem Alter von circa fünf Jahren kann mit den Kindern eigenständig gesprochen werden. Gewöhnlich werden die Kinder nicht zu den gemeinsamen Elternberatungen mit eingeladen. Das könnte als kritisches Ereignis für Kinder erlebt werden, da sie sich mitten im Spannungsfeld befinden würden. Es könnten Loyalitätskonflikte entstehen, das Kind erlebt vielleicht den Wunsch beider

Elternteile, sich zu ihm zu positionieren. Ein Kind einem solchen psychologischen Druck auszusetzen ist weder hilfreich noch lösungsorientiert. Daher bedeutet der direkte Einbezug der Kinder, dass sie einen oder mehrere Einzeltermine erhalten, bei denen sie sich äußern können.

In der Arbeit mit Kindern dürfen nicht nur „Gespräche" geführt werden. Das Erleben von Kindern ist noch fantasievoller und bildhafter als das von Erwachsenen. Sie können logisch abstrakt den eigenen Standpunkt oft noch nicht definieren, und würden dies auch häufig aufgrund von Loyalitätskonflikten nicht tun. Daher ist es wichtig, bei Kindern mit spielerischen und bildgebenden Methoden zu arbeiten. Dies kann im Rahmen eines kindzentrierten Interviews erfolgen.

Wichtig ist dabei, einleitend eine gute Atmosphäre für das Kind zu schaffen. Es ist von Belang, ihm mitzuteilen, dass die Eltern damit einverstanden sind, dass es hier ist. Man erklärt ihm, dass es wichtig ist, seine Meinung zu hören, es dennoch so ist, dass nicht alle Wünsche berücksichtigt werden können. Es wird mit dem Kind besprochen, dass es bei einigen Dingen die es sagt, gut wäre, wenn die Eltern das auch wissen dürften und man es ihnen sagen könnte. Sollte es jedoch Dinge geben, bei denen das Kind ausdrücklich wünscht, dass niemand davon erfährt, dann ist dieser Wille zu respektieren, es sei denn, es sei handelt sich um kindeswohlgefährdende Faktoren.

Methodisch können Familienaufstellungen mit Figuren (z. B. Familienbrett, Spielfiguren, Tiere) genutzt werden, bei denen das Kind sein inneres Erleben in Bezug auf Familie und soziales System abbilden kann. Bedeutsam ist schon die Auswahl der verschiedenen Figuren für die Familienmitglieder, wobei man nichts hinein interpretieren sollte, sondern das Kind selbst nach Bedeutungen suchen lassen. Wählt es z. B. das Tier Affe für ein Familienmitglied, dann kann man fragen, was es mit dem Affen verbindet, was es selber glaubt, warum es diese Figur gewählt hat (je nach Entwicklung des kognitiven Entwicklungsstandes des Kindes). Günstig ist es, keine Vorgaben zu machen, welche Familienmitglieder aufgestellt werden. Stellt das Kind nur die Kernfamilie auf? Oder ein erweitertes Familiensystem mit Großeltern und Tanten und Onkeln? Mitglieder aus dem erweiterten Familienkreis können große Ressourcen für die Kinder darstellen, wenn die Eltern sich in der Krise befinden. Eine andere Möglichkeit ist, dass sie in den Konflikt involviert sind und diesen weiter „anheizen" oder am Laufen halten. Fehlen bedeutsame Familienmitglieder, wie z. B. ein Elternteil, so ist nachzufragen, warum dieser Elternteil nicht dabei ist. Man bittet das Kind, den Elternteil zu platzieren.

Wünsche und Bedürfnisse im familiären System können dabei erfragt werden. Eine solche Aufstellung kann hilfreich sein, um Informationen zu Bindungs- und Beziehungsqualität, familiärer Dynamik und der Bedeutsamkeit einzelner Familienmitglieder zu erhalten.

Im zweiten Schritt fordert man das Kind auf, die Figuren so hinzustellen, wie es richtig gut wäre. Was wäre dann anders? Wie würde sich das anfühlen? Wie sähe der Alltag aus, wenn es so wäre?

Es können Gefühlskarten eingesetzt werden, Karten mit Monstern oder Tieren, die sich in verschiedenen Gefühlszuständen befinden. Die Kinder können auf die Karten zeigen, die ihrem eigenen Zustand gerade am nächsten sind. Man kann sie fragen, welche Karten dazu passen, wenn es bei Mama ist, und welche, wenn es bei Papa ist. Die Anzahl der gewählten Karten darf vom Kind frei gewählt werden, da es bei jedem Elternteil in verschiedenen Situationen verschiedene Gefühle gibt.

Folgende Fragen können mit dem Kind erörtert werden:

- Mit wem würdest du gern mehr beziehungsweise weniger Zeit verbringen?
- Was würdest du gern mit Mama, Papa, den Geschwistern erleben oder machen?
- Was wünschst Du dir von Mama, Papa, Geschwistern?
- Wie war das früher, vor der Trennung? Was ist jetzt anders? Was ist besser, was ist schlechter?
- Stell dir vor, es käme eine Fee und sie würde dir drei Wünsche frei geben. Was würdest Du dir von der Fee wünschen in Bezug auf deine Familie?
- Wie sieht ein schöner Traum von deiner Familie aus?
- Welchen Rat würdest Du anderen Kindern geben, die in einer ähnlichen Situation wie du sind?
- Was denkst du, was würde dein Vater am liebsten ändern, wenn er allein bestimmen könnte in der Familie?
- Was denkst du, was würde deine Mutter am liebsten ändern, wenn sie allein bestimmen könnte in der Familie?
- Was denkst du, was würdest du am liebsten ändern, wenn du allein bestimmen könntest in der Familie?
- Welche Lösungen gäbe es noch?

Kinder sollten nicht direkt gefragt werden, bei welchem Elternteil sie leben wollen. Dies führt zu Loyalitätskonflikten. Äußert das Kind von sich aus konkrete Vorschläge, dann ist es wichtig, dem Kind zuzuhören. Dann sollte außerdem gefragt werden, warum es diesen oder jenen Wunsch hat. Der Wunsch bei einem bestimmten Elternteil zu leben kann unterschiedliche Hintergründe haben. Es könnte sein, es entspricht dem Bedürfnis des Kindes, es könnte aber auch sein, dass ein Kind einen Elternteil als emotional belasteter wahrnimmt als den Anderen und deshalb auf ihn aufpassen möchte oder um ein empfundenes Ungleichgewicht wieder herzustellen.

Abschließend kann es hilfreich sein, mit dem Kind die Dinge an den Flipchart zu notieren, von denen es möchte, dass die Eltern sie erfahren. Eltern sind oft emotional berührt, wenn sie die Handschrift ihrer Kinder sehen, und erkennen, dass es um Wünsche und Bedürfnisse ihrer Kinder im Hinblick auf sie als Eltern geht.

Beispiel

Anke (9 Jahre) verweigert den Kontakt mit ihrem Vater, reagiert sehr ängstlich und aufgewühlt, wenn sie ihn zufällig auf der Straße trifft. Die Mutter ist der Ansicht, dass Anke ihren Vater nicht sehen wolle und auch nicht brauche. In der Aufstellung stellt sie zu Anfang den Vater nicht mit auf. Ich frage nach und bitte sie, den Vater ebenfalls zu platzieren. Es entsteht folgendes Bild (Abb. 5.1).

Anke sagt: „Der Papa ist irgendwie hinter dem Zaun."

Beraterin: „Weißt du warum?"

Anke: „Nein."

Beraterin: „Wie geht es dir damit, dass es so ist?"

Anke: „Das macht mich traurig."

In einem Beratungsprozess mit Anke kann mit den Gefühlen der Trauer gearbeitet werden. Was sagen ihr diese Gefühle? Was braucht sie wirklich? Wie sind ihre Bedürfnisse?

Abb. 5.1 Familienbild eines 9-jährigen Mädchens

Rückmeldung an die Eltern
Die Ergebnisse aus dem kindzentrierten Interview sollten im Folgenden mit den Eltern thematisiert werden. Hier sollten schon im Vorfeld in Einzelgesprächen mit den Eltern besprochen worden sein, wie sie mit Antworten oder Gefühlen ihrer Kinder umgehen, die nicht ihren Erwartungen entsprechen. Auf Basis dessen ist auch zu entscheiden, welche Aspekte und Ergebnisse aus dem Kinderinterview den Eltern mitgeteilt werden können. Es kann Aussagen des Kindes geben, die einen Elternteil stark erschüttern könnten und auch die Beziehung dieses Elternteils zum Kind. In dem Fall ist es abzuwägen, ob diese Information mit dem Elternteil thematisiert werden kann, oder ob der entstehende Schaden größer wäre als der Gewinn. Bei der Rückmeldung muss immer deutlich sein, dass der Gewinn für das Kind und das strittige Familiensystem größer ist. Daher kann es sein, dass relevante Aussagen der Kinder nicht offiziell verwendet werden können. Es ist zu überlegen, ob und wie man diese Informationen an anderer Stelle, nicht deklariert als Aussagen des Kindes, dennoch mit einfließen lassen kann.

Ebenso kann es wichtig sein, die Rückmeldung an die Eltern im Einzelsetting zu geben. Da jeder Elternteil seine eigene Sichtweise hat, kann besser auf die jeweilige Erlebnis- und Bedürfnislage eines Jeden eingegangen werden. Außerdem könnten die Eltern Teile der Rückmeldung als neue Munition gegen den anderen Elternteil verwenden und das würde die gesamtfamiliäre Situation verschlimmern.

Unter diesen Vorüberlegungen ist im Rückmeldungsgespräch mit den Eltern zu thematisieren:

Entwicklungspsychologische Prognose bei anhaltendem elterlichen Konflikt
Man teilt den Eltern mit, wie eine wahrscheinliche Entwicklung des Kindes aussieht, wenn der elterliche Konflikt anhält und das Kind innerhalb dieses Konfliktfeldes aufwächst. Da der elterliche Konflikt und die Hochstrittigkeit ein Risikofaktor für die psychische Entwicklung von Kindern darstellt, ist dies im konkreten Fall genau zu benennen und auszuführen.

- Wie erlebt das Kind die Beziehung zu Mutter, Vater, anderen Familienmitgliedern?
- Wie erlebt das Kind den elterlichen Konflikt?
- Welche Belastungen erlebt das Kind innerhalb der Familie?
- Was ist der zentrale Konflikt des Kindes (Unterscheidung von latenter Konfliktlage, Coping und manifestem Verhalten)?
- Welche Wünsche hat das Kind im Familiensystem und an seine Eltern?
- Welche inneren und äußeren Ressourcen gibt es im Familiensystem?

- Hat das Kind konkrete Wünsche in Bezug auf sein Lebensumfeld und Faktoren wie zum Beispiel die Umgangsregelung?
- Welche Wünsche hat das Kind in Bezug auf die Zukunft?

Auch in diesen Elterngesprächen ist es häufig wichtig, mit Figuren und anschaulichem Material zu arbeiten. Dies kann besonders hilfreich sein, um die eigene Perspektive von der des Kindes zu trennen. Wenn man die Eltern bittet, ihr eigenes Bild von der Familie auf dem Familienbrett aufzustellen und ihnen anschließend zeigt, welche Sichtweise die Kinder gewählt haben, dann werden Unterschiede deutlich wahrnehmbar für die Elternteile und es kann an der Akzeptanz dessen gearbeitet werden.

5.3 Therapeutische und beraterische Interventionen für Kinder

Manche Kinder sind durch den Trennungskonflikt ihrer Eltern selber hoch belastet. In dem Fall kommt eine eigene Beratung für die Kinder infrage. Dies kann im Einzelsetting geschehen oder auch im Rahmen einer Gruppe für Trennungs- und Scheidungskinder. In der Arbeit mit den Kindern geht es immer darum, protektive Faktoren und innere Ressourcen des Kindes zu stärken, insbesondere dann, wenn der Elternkonflikt nicht deutlich reduziert werden kann.

Ausgewählte Beratungsansätze 6

Zusammenfassung

Methodisch kann in den Beratungen das verschiedenste Repertoire verwendet werden, je nach Ausbildung und Fähigkeit der jeweiligen Beratungsfachkraft. Methoden aus der systemischen Familientherapie, Gestalttherapie, aus der Gesprächstherapie, der Mediation u. a. Verfahren sind möglich und hilfreich. Anschauliches Material ist oft nützlich. Wichtig ist ein lösungsorientierter Blick, der die Aufarbeitung schmerzhafter Kränkungen zulässt ohne das eigentliche Ziel, eine Konfliktreduktion bis hin zur Befriedung zum Wohle der Kinder, zu verlieren. Vorgestellt werden Haltungen, Konstrukte und Methoden die einen guten Einstieg für mögliche Konfliktlösungen bieten. Ebenso werden Grenzen für Beratung aufgezeigt.

6.1 Die Paargeschichte und die damit verbundenen emotionalen Muster thematisieren

Die Geschichte des Paares spielt eine große, zentrale Rolle im Konflikt. Auf emotionaler Ebene sind die Hoffnungen und Erwartungen aus dem Beginn der Beziehung i. d. R. grundlegend enttäuscht worden. Stattdessen fanden mehr und mehr Verletzungen statt. Als Beratungsfachkraft sitzt man oft Eltern gegenüber, die eine große emotionale Last mit sich tragen. Diese Last beinhaltet Verzweiflung, Schmerz und Trauer. Als Fachkraft ist es von großer Bedeutung, die subjektive Geschichte eines jeden Einzelnen zu würdigen. Gelingt es im gemeinsamen Elterngespräch, dass jeder Elternteil dem Anderen bei seiner Version der Geschichte zuhören kann, so handelt es sich um einen viel versprechenden Anfang der Beratung. Dieses „Zuhören" kann dabei fast als Kernelement der beginnenden

© Springer Fachmedien Wiesbaden GmbH 2018
S. Keil de Ballón, *Hocheskalierte Elternkonflikte nach Trennung und Scheidung*, essentials, https://doi.org/10.1007/978-3-658-19722-3_6

Auflösung des Konfliktes gesehen werden. Jeder hat das Bedürfnis, vom Anderen gehört und bestenfalls verstanden zu werden. Dies führt in der unmoderierten Situation häufig dazu, dass beide aufeinander einreden um verstanden zu werden, aber keiner mehr dem Anderen zuhört. In der Beratung besteht die Chance, Raum zu geben für diese beiden Geschichten. Zuhören ist dabei schwer. Es kann hilfreich sein, wenn die Beratungsfachkraft sich neben den „Zuhörenden" setzt, während die andere Elternteil erzählt. Die Präsenz der Fachkraft allein kann den Zuhörer unterstützen. Auch die Gewissheit, dass auch er den Raum bekommen wird, seine Geschichte zu erzählen, hilft. Die Fachkraft achtet darauf, dass der Erzähler keine Vorwürfe macht und möglichst aus der Ich-Perspektive über eigene Empfindungen, Gefühle und Erlebtes spricht. Dadurch wird gelingende Kommunikation geübt. Es mag Punkte geben, an denen eine Entschuldigung für zugefügtes Unrecht angemessen wäre. Hier auf ehrliche Entschuldigungen beim Anderen hinzuarbeiten kann zu einer dauerhaften Reduktion des Konfliktniveaus führen.

Gelingt es den Eltern noch nicht, dem Anderen zuzuhören, dann kann es besser sein, mit Symbolen auf bildhafter Ebene zu arbeiten. Hier bietet sich z. B. das Lebensflussmodell an.

6.2   Arbeit mit dem Lebensflussmodell

Jeder Elternteil wählt sich ein Seil aus, das sie im Folgenden auslegen als Symbol für ihren Beziehungsweg. Dabei kann schon die Auswahl der Farbe bedeutsam sein. Beide Elternteile legen nun die Seile nebeneinander, legen für Schwierigkeiten und besondere Vorkommnisse Wellen und Kringel mit den Seilen. Turbulente Phasen können beispielsweise als wirr liegendes Seilstück symbolisiert werden, angenehme Beziehungsphasen als glatt verlaufendes Seilstück. Die Auswahl der Symbolik obliegt den Eltern selbst. Der Beginn des Seiles symbolisiert den Beginn der Beziehung, das Ende des Seiles die Gegenwart. Im nächsten Schritt werden die Eltern dazu eingeladen, Symbole zu suchen, die zu bestimmten Ereignissen und Lebensphasen passen und auf ihrer Seite des Seiles zu platzieren. Hier kann es bereits zu gemeinsamen Aktionen der getrennten Eltern kommen: Für die Geburt eines Kindes verständigen sie sich nicht selten auf ein Symbol und legen es in die Mitte ihrer beiden Seile. Trennendes und Verbindendes wird symbolisch oft deutlicher als das gesprochene Wort. Der Verlust von gemeinsamer, positiv erlebter Zeit kann betrauert werden, der Prozess des Loslassens begleitet werden. Es können neue Perspektiven für die Zukunft entwickelt werden. Dies kann mit einer Verlängerung der Beziehungslinie erfolgen, in denen Symbole für konstruktive Zukunftsvisionen gelegt werden. Anschließend kann über die konkrete Umsetzung dieser Visionen gesprochen werden.

6.3   Das Konstrukt von Paar- und Elternebene benennen

Es kann hilfreich sein, eine Trennung zwischen Paar- und Elternebene zu benennen. Auf der Paarebene geht es um all die eben genannten emotionalen Themen. Auf der Elternebene geht es darum nicht mehr, hier geht es um die gute Begleitung des gemeinsamen Kindes. Erkennen die Elternteile, dass es zwar zu emotionalen Verletzungen als Paar gekommen ist, der Andere jedoch ein wichtiger Mensch für das gemeinsame Kind ist, so reduziert auch dieses Erleben häufig den emotionalen Schmerz.

Für die Thematik der Aufarbeitung der Paargeschichte müssen beide Elternteile den Beratungsauftrag geben. Möchte nur einer der beiden Elternteile zurück schauen, der Andere jedoch nicht, dann ist das Angebot einer solchen Arbeit nicht aussichtsreich. Beide Elternteile sollten die Motivation haben, durch die Betrachtung der Vergangenheit zu einer Befriedung zu gelangen.

Es kann nützlich sein, wenn z. B. nur einer der Elternteile an einer Aufarbeitung interessiert ist, dieses im Einzelsetting anzubieten. Denn wenn auch nur einer der beiden Eltern zu einer größeren emotionalen Ruhe findet, kann dies zu einer Verhaltensänderung in Bezug auf den Anderen kommen, die zu einer emotionalen Beruhigung beider führen kann. Sinkt der innere emotionale Stress, dann kann i. d. R. entspannter kommuniziert werden. Verändert einer der beiden seine Kommunikationsmuster, so wird dies eine Veränderung der Kommunikationsmuster des Gegenübers mit hoher Wahrscheinlichkeit bewirken.

6.4   Information geben zu Folgen von Trennung und Scheidung bei Kindern

Psychoedukation ist ein Kernelement der Elternberatung. Welche Risikofaktoren stellt ein anhaltender elterlicher Konflikt für die Kinder dar, welche Chancen ergeben sich durch die Reduktion des Konfliktes? Es sollte immer auf aktuellem fachlichen Standard gearbeitet werden, was heißt, dass es für Beratungsfachkräfte wichtig ist, jeweils neue Studien zum Thema zu berücksichtigen und die wichtigsten Aspekte im Elterngespräch zu benennen.

6.5 Wechselnde Interventionen zwischen Hilfe und Grenzsetzung

Grundlegend ist, wie auch in der Beratungsarbeit mit anderen Klienten und Problemlagen, eine gute Beziehung zum Klienten aufzubauen. Diese sollte durch Vertrauen zum Berater getragen sein. Hierzu gehört, dass der Klient sich verstanden fühlt in seinen Sorgen und Ängsten und sonstigen negativen emotionalen Zuständen. Hier kann Beratung eine Hilfe darstellen, extreme emotionale Gefühlszustände regulieren zu lernen. Auf der anderen Seite sind in diesen Beratungen auch Grenzsetzungen und Konfrontationen der Eltern notwendig. Wenn ein Elternteil seine eigene innere Konfliktlage auf das Kind überträgt, es aktiv oder passiv instrumentalisiert, dann muss hier eine Grenzsetzung durch den Berater erfolgen. Diese Anteile der Beratung sind direktiv geführt und nehmen den jeweiligen Elternteil in die Verantwortung für sein Kind. Dies stellt eine Gratwanderung dar, es darf nicht zu viel konfrontiert werden, damit die Beziehung bestehen bleibt, andererseits muss genügend Konfrontationen und Grenzsetzung erfolgen, damit es zu einer Veränderung kommt.

Methodisch steht zum Beziehungsaufbau das empathische Zuhören der Beratungsfachkraft im Vordergrund. Eine von Präsenz und Achtsamkeit getragene Haltung begünstigt diesen Prozess.

Für die Konfrontation können Humor und eine grundsätzliche Annahme des Gegenübers hilfreich sein. Manche Menschen benötigen jedoch ganz klare Rückmeldungen zu ihrem Verhalten, die dann sachlich vermittelt werden sollten.

6.6 Kommunikation und der strukturierte Paardialog

Ein häufiger Beratungsauftrag vom Gericht ist die Verbesserung der elterlichen Kommunikation. Wie kann dies gelingen? Hier ist eine Möglichkeit, im konkreten Augenblick des Beratungsgesprächs auf die Art der Kommunikation hinzuweisen. Welche Kommunikationsmuster und -strategien sind ersichtlich? Welche davon sind konstruktiv und als Ressource zu nutzen, welche davon destruktiv? Jeder Elternteil kann nach seiner Intention des Gesagten befragt werden. Dann kann das Gegenüber gefragt werden, ob die Person erreicht hat, was sie wollte. Es kommt vor, dass gut Gemeintes beim Gegenüber als Angriff oder Abwertung ankommt. Dies wiederum kann einerseits durch den Sender des Gesagten verursacht sein, z. B. wenn zu viele eigene negative Emotionen mitschwingen oder das Kommunikationsverhalten generell wenig empathisch ist. Es kommt auch vor, dass Formulierung, Tonlage etc. des Senders angemessen sind, beim Empfänger jedoch dennoch negative Assoziationen ausgelöst werden, wiederum durch im Vordergrund stehende, eigene negative Emotionen. Dieses Muster deutlich zu machen kann dem Elternpaar helfen, eine bessere Kommunikationsebene zu erreichen. Die Bedeutsamkeit von Inhalts- und Beziehungsaspekten der Kommunikation sollte hervorgehoben werden. Es kann den Eltern angeboten werden, die Kommunikation als Video aufzuzeichnen, damit sie sich selber sehen können und in der Folge besser reflektieren können. Wichtig ist hierbei die Zustimmung beider Eltern.

Eine weitere unterstützende Methode kann der strukturierte Paardialog darstellen. Er lässt wenig Raum für ausufernde Darstellungen und Wiederholungen bereits bekannter Erlebnismuster. Diese Art des Dialogs erfordert Disziplin, insbesondere für den Zuhörenden. Er ist geeignet für Elternpaare auf niedrigem bis mittlerem Konfliktniveau. Bei höheren Konfliktniveaus scheitert diese Methode i. d. R. da die Emotionen im Zusammenhang mit dem Anderen zu stark sind. Die Beteiligten treten in einen intensiven Gesprächskontakt. Die deutliche Bereitschaft beider zur Verbesserung der Kommunikation ist als Voraussetzung zur Anwendung dieser Methode zu sehen.

Beispiel

Person A und Person B sitzen sich gegenüber und schauen sich an. Sie bestätigen sich gegenseitig, dass sie diesen Dialog miteinander führen wollen.

Person A stellt einen Sachverhalt aus ihrer Sichtweise dar. Sie darf dabei nur Ich-Botschaften verwenden, keine Angriffe auf den Anderen, einzig das eigene innere Erleben beschreiben.

Beispiel: Als wir uns bei der letzten Übergabe unseres Kindes trafen, habe ich mich bei der Begrüßung sehr verletzt gefühlt. Ich habe gedacht … Ich habe gefühlt …

Person B soll das Gehörte wiederholen und beginnt mit:

Ich habe von dir verstanden, dass du …

Habe ich dich richtig verstanden? Wie viel habe ich richtig verstanden?

Person A: Du hast mich zu % richtig verstanden. Ich habe außerdem noch gesagt …

Person B. wiederholt den Teil, den er bisher nicht verstanden hat.

Und so weiter bis Person B Person A vollständig verstanden hat.

Darauf folgt die Frage, was Person B tun würde, wenn sie erleben und fühlen würde wie Person A:

Wenn ich …. erlebt hätte, dann würde ich … tun.

Daraufhin findet der Dialog umgekehrt statt.

Diese Methode trainiert explizit gegenseitiges Zuhören, Einfühlen und damit das Verständnis.

6.7   Arbeit mit der Kriegsmetapher

Elterlicher Streit gleicht oft Konflikten und Kriegen auf der Bühne des Weltgeschehens. Waffen können harte Worte sein, die Verweigerung der Herausgabe des Kindes oder auch dem Kind destruktive Trennungsinhalte oder die Fehler des anderen Elternteils zu erzählen. Es gibt Minenfelder: Bestimmte Themen sind Reizthemen, und fängt einer der Elternteile damit an, explodiert der Andere sofort. Manche Eltern führen auch einen Kalten Krieg: Es gibt weder Kontakt noch Kommunikation, im Hintergrund rüstet jedoch jeder auf. Munition liefert dabei nicht selten die eigene Familie oder Freunde, indem sie an erlittenes Unrecht immer wieder erinnern oder aktuelle Erlebnisse schildern, in denen der andere Elternteil aus ihrer Sicht katastrophal gehandelt habe. Wohnen die Elternteile nah zusammen, so kommt es zumindest zu gelegentlichen Begegnungen, in denen alles, was der Andere sagt oder tut, erneut als negative Aktion betrachtet wird. Manchmal gibt es Netzwerke von „Spionen" die genau mitteilen, was der Andere wann und wo getrieben habe.

Manchmal werden die Kinder zu solchen „Spionen", sie berichten dem jeweils anderen Elternteil von negativen Interaktionen, da sie bemerken, dass es erwünscht ist, dass sie solches berichten. Dem Elternteil zuliebe tun sie das und werden in dem Moment zu Verrätern des anderen Elternteils. Auch treten die Kinder oft auf Minen: Sie sagen etwas, und es löst beim Elternteil eine hohe emotionale Reaktion aus, beispielsweise, wenn das Kind erzählt, wie schön der gemeinsame Nachmittag mit dem Vater und dessen neuer Freundin war. Die Mutter, die den Vater noch liebt, gerät außer sich, als sie erfährt, dass es positive Interaktionen des Kindes mit der neuen Frau gibt. Manchmal berichten Kinder von so vielen Minenfeldern, dass sie sich kaum noch trauen, überhaupt etwas zu erzählen.

Die Konfrontation der Eltern damit, dass sie Krieg führen und ihr eigenes Kind in den Kriegsschauplatz mit einbeziehen, kann neue Sichtweisen auf den Konflikt eröffnen. Es kann besprochen werden, wie Abrüstung erfolgen könnte und ob es Friedensabkommen geben könnte.

6.8   Vergebung und Versöhnung

Ein hohes Ziel ist es, die Versöhnung mit den hochstrittigen Eltern anzustreben. Wollen beide Eltern dieses Ziel erreichen, dann stehen die Chancen gut. Häufig sind die Eltern jedoch so voll von ihrer Kränkung und ihren negativen Emotionen, dass ihnen eine Versöhnung unmöglich erscheint. In diesem Fall ist es hilfreich, in Einzelgesprächen zumindest an dem Konstrukt der Vergebung zu arbeiten. Jeder kann natürlich Wut und Zorn weiter in sich behalten, bis zu seinem Lebensende, wenn er sich dafür entscheidet. Dies führt jedoch zu Verbitterung bei den Betroffenen, und den, den Wut und Zorn betreffen, behelligt es nicht weiter. Es ist, als ob die Betroffenen sich durch die Aufrechterhaltung der negativen Emotionen langsam, Schritt für Schritt, immer mehr selbst vergiften bis nur noch Bitterkeit in ihnen ist. Der Hass ist allgegenwärtig, nicht beim Gegenüber, auf den der Hass sich bezieht, sondern bei der Person selber, die ihn spürt. Immer wieder gelingt es, dass Elternteile dies erkennen können und eine innere Arbeit an ihren eigenen Emotionen beginnen, mit dem Ziel dem Ex-Partner die Kränkungen vergeben zu können. Erst wenn der Großteil der erlittenen Kränkungen vergeben wurde, ist die Person wieder frei für ein eigenes, neues Leben mit neuen Inhalten.

6.9   Grenzen der Beratung

Wenn die Eltern dauerhaft in ihrem eigenen Weltbild verharren, sehr starr strukturiert sind, dann wird nach wenigen Sitzungen die Grenze der Beratung erreicht. Es wird dann deutlich, dass man immer weiter beraten könnte, und dennoch das jeweilige Weltbild so bleibt, wie es im Moment ist.

Ausschlusskriterien der gemeinsamen Elternberatung sind schwer zu benennen, manchmal erreicht man sehr viel mit schwierig erscheinenden Eltern, manchmal scheitert man in Beratungen mit Eltern, in die man viel größere Erwartungen gesetzt hatte. Ein Ausschlusskriterium ist jedoch, wenn eine Bannmeile nach dem Gewaltschutzgesetz besteht. Das bedeutet, dass sich ein Elternteil dem Anderen nicht mehr als 200 m annähern darf, da es in der Vergangenheit zu Gewalt und Übergriffen gekommen ist. Das bedeutet also auch, dass die Betreffenden keine gemeinsame Beratung in Anspruch nehmen können. Natürlich wäre dennoch eine Arbeit im Einzelsetting oder nach dem Fürsprechermodell möglich.

Beratung ist geeignet für Konflikte der Konfliktstufen 1–6 nach Glasl. Ab Konfliktstufe 7, hier handelt es sich um begrenzte Vernichtungsschläge, der Gegner wird nicht mehr als Mensch gesehen und die Vernichtungsschläge gelten daher als passende Antwort, ist Beratung nicht mehr das Mittel der Wahl. Hier müssen gesetzliche Grenzsetzungen greifen. Auch haben Kinder in solchen Konfliktfeldern nichts mehr zu suchen. Sind beide Elternteile derart konfliktgeladen, dann ist zu überlegen, ob das Kind fremd untergebracht werden muss.

> **Zusammenfassung**
>
> Beratung von Eltern in hochstrittigen Konfliktlagen findet häufig im Kontext von Sucht, Gewalt, bikultureller Elternschaft und psychischer Erkrankung statt. Diese Zusammenhänge bedeuten besondere Anforderungen für Beratungsfachkräfte.

7.1 Sucht

Häufig stehen Vorwürfe im Raum, der Ex-Partner leide an einer Sucht und sei deshalb nur eingeschränkt fähig, mit dem Kind Kontakt zu haben.

Es kann dabei um Alkohol, Drogen, Spielsucht o. a. Süchte gehen.

Die Beratungsfachkräfte sind nicht in der Lage zu überprüfen, ob das stimmt. Sie können nicht zu den Betroffenen nach Hause gehen, um die Sucht zu kontrollieren. Damit entsteht immer eine unsichere Situation. Gibt der Elternteil die Sucht zu, kann abgeklärt werden, in welchem Rahmen er in der Lage ist, das Kind zu betreuen. Es kann abgeklärt werden, ob andere Personen zum Schutz im Hintergrund sein sollten, ob sich der Betroffene einer Therapie unterziehen möchte.

Verneint der Elternteil eine Suchtproblematik, so steht der Vorwurf des einen gegen des Anderen im Raum. In der Arbeit mit den Eltern wird thematisiert, was der sich sorgende Elternteil bräuchte, um weniger Sorgen zu haben, wenn das Kind beim anderen Elternteil ist. Hier kann es zum Beispiel ausreichend sein, wenn dieser Elternteil weiß, die Oma ist an dem Tag, an dem das Kind bei dem anderen Elternteil ist, mit im Haushalt und hat ein Auge auf die Situation. Es

© Springer Fachmedien Wiesbaden GmbH 2018
S. Keil de Ballón, *Hocheskalierte Elternkonflikte nach Trennung und Scheidung*, essentials, https://doi.org/10.1007/978-3-658-19722-3_7

werden also Bedingungen erarbeitet, unter denen der sich sorgende Elternteil vom Kind lösen kann. Manchmal verlangt ein Elternteil, dass sich der Andere einem Drogenscreening unterzieht, um nachzuweisen, dass er nichts konsumiert. Verlangt werden kann das nicht von dem Betreffenden. Natürlich kann dieser freiwillig zustimmen. Hierdurch kann er beweisen, dass die Vermutungen oder Vorwürfe nicht stimmen. Das wiederum schafft eine gute Ausgangsbedingung für die weitere Beratung.

Beispiel
Eine Mutter möchte ihren 2-jährigen Sohn nicht zum Vater geben, da sie oft erlebt habe, dass dieser zu viel Alkohol getrunken habe. In dem Zustand könne er das Kind nicht betreuen. Das Kind sei zu klein, um sich im Notfall selber zu kümmern. Der Vater gab zu, in der Vergangenheit viel Alkohol getrunken zu haben, dies habe sich doch inzwischen geändert. Die Mutter verlangt eine Testung des Alkoholgehalts bei der Übergabe des Kindes, sie verlangte, der Vater solle 0,0 Promille haben. Zeige das Gerät irgendeinen Wert an, sei sie nicht bereit, das Kind zu übergeben. Der Vater zögerte erst, stimmte dann jedoch der Alkoholtestung zu. Dadurch kam ein stabiler Umgang des Vaters mit seinem Sohn zustande. Die Mutter konnte ihre Ängste loslassen, was sich auch positiv auf die Übergaben auswirkte.

Natürlich kann es auch sein, dass der sich sorgende Elternteil zu übergroßen Ängsten neigt oder unter einer Angststörung leidet. In dem Fall könnte er Angst haben vor einer Situation, in der das Kind beim anderen Elternteil aufgrund von Alkohol oder anderen Drogen nicht angemessen betreut würde. Diese Sorge hätte in dem Fall keinen realen Hintergrund. Rückt diese Thematik in den Vordergrund, dann kann in der Einzelberatung eine Bewusstwerdung dieses inneren Musters fokussiert werden. Stabilisierende Interventionen sollten angeboten werden. Ist ein höherer Bedarf ersichtlich, dann ist eine Vermittlung in eine Psychotherapie hilfreich.

Verneint der eine Elternteil eine Sucht und der andere eine besondere Angstsymptomatik, so kann die Problematik im Beratungsprozess häufig nicht aufgelöst werden.

Gibt es deutliche Anzeichen für eine Suchtproblematik, so muss eventuell abgeklärt werden, ob es sich um eine Kindeswohlgefährdung handelt. In dem Fall muss das Jugendamt informiert werden. Das Jugendamt leitet Schritte ein, um das Kindeswohl zu prüfen. Im Rahmen dieser Prüfungen können auch Drogenscreenings verlangt werden.

7.2 Beratung im interkulturellen Kontext

Durch die Pluralisierung der Gesellschaft finden immer häufiger binationale Elternpaare oder auch Eltern mit Migrationserfahrung den Weg in die Beratungsstelle. Hier ist es wichtig, kultursensibel zu arbeiten. Eine Beschäftigung mit dem Land, aus dem der betreffende Klient kommt, ist unerlässlich. Zudem sollten Familienkonzepte, Wertesysteme und Ablauf einer Trennung im Heimatland im Gespräch thematisiert werden. War es zum Beispiel in Deutschland lange Zeit üblich, dass die Kinder nach einer Trennung bei der Mutter verbleiben, so ist es in islamischen Ländern heute noch üblich, dass die Kinder nach der Trennung beim Vater verbleiben. Dies macht die Beratungsarbeit komplexer aufgrund völlig verschiedener Wert- und Glaubenssysteme.

Der konkrete Mensch sollte generell in der Beratung im Vordergrund stehen, nicht ein Konzept über ihn. Das gilt insbesondere bei Migranten: Auch wenn man sich über das Herkunftsland der Betreffenden informiert hat, sollte man den Klienten fragen, wie es konkret in seiner Herkunftsfamilie gewesen ist. Was für Erziehungsvorstellungen gab es, was für Vorbilder zur Mann-/Frau-Rolle wurden gelebt? Was bedeutete Familie? Was war wichtig innerhalb der eigenen Lebensentwürfe? Alle Fragen, die einen Einblick in die Familie und die konkrete Lebenswirklichkeit des Betreffenden geben, sind nützlich. Hierbei erfährt vielleicht auch der getrennte Partner Dinge, die er vorher nicht wusste und ihm ein besseres Verständnis der Situation ermöglicht. Umgekehrt sollte dann auch der Andere die gleichen Fragen beantworten, um ebenfalls einen Einblick in seine konkrete Lebenswirklichkeit von Familie zu geben. Dabei ist es wichtig, den verschiedenen Entwürfen gleichbleibend wertschätzend gegenüber zu stehen.

Eine weitere Rolle spielt, was die Familie im Heimatland über die Trennung und die Umstände, die dazu geführt haben, denkt. Solche Familien, die zwar geografisch weit weg sind, sind oft umso dichter bei dem Problem der betroffenen Familienangehörigen in Deutschland. Vielleicht machen sie sich Sorgen, vielleicht schämen sie sich dafür oder oder oder. Tausend Möglichkeiten sind denkbar. Über die modernen Kommunikationsmedien ist der Kontakt schnell und fast jederzeit herstellbar. Es sollte daher erfragt werden, was für eine Bedeutung die Familie hat, auch um zu sehen, ob diese als Ressourcen genutzt werden könnte.

Kultursensible Arbeit erfordert bei geringen Deutsch-Kenntnissen der Klienten den Einbezugs eines Dolmetschers. Hier ist zu beachten, dass keinesfalls die Kinder diese Übersetzungsarbeit übernehmen dürfen. Auch andere Familienmitglieder und Freunde kommen nicht infrage, da sie involviert in die strittige Elternschaft sind. Es braucht einen neutralen Übersetzer, der bestenfalls nicht bekannt ist mit den Klienten. Es erfolgt ein Vorgespräch mit dem Dolmetscher, um die Art der Übersetzung zu besprechen sowie das Vorgehen innerhalb des Beratungssettings. In der Nachbesprechung sollte auf besondere kulturelle Zusammenhänge geschaut werden, die dem Dolmetscher aufgefallen sind. Außerdem dient die Nachbesprechung der Psychohygiene des Dolmetschers, der möglicherweise von der Dynamik der Beratung im Kontext von Hochstrittigkeit stark angefordert ist.

## 7.3	Psychische Erkrankung eines Elternteils

In der Arbeit mit hochstrittigen Familien kommen zahlreiche Vorwürfe zutage, zum Beispiel der andere Elternteil leide an einer Sucht, an einer psychischen Erkrankung oder er habe das Kind sexuell missbraucht. Die Beratungsfachkraft kann diese Anschuldigungen nicht überprüfen.

Wird der Vorwurf der psychischen Erkrankung des Ex-Partners gebraucht, um seine unzureichende Erziehungsfähigkeit anzuführen, so ist dieser Fakt genau zu betrachten. Es gibt viele Eltern, die an psychischen Krankheiten leiden. Sehr viele Eltern sind jedoch dennoch in der Lage, ihre Kinder gut zu versorgen. Es kommt also nicht auf das Krankheitsbild an, sondern darauf, ob der Elternteil über genügend Fähigkeiten und Ressourcen verfügt, um angemessen mit seinem Kind umgehen zu können. Diese Dinge können mit dem Betroffenen besprochen werden. Es kann eine Interaktionsbeobachtung mit dem Elternteil und dem Kind durchgeführt werden, um Einblicke in Erziehung und Beziehung zu erhalten. Sollten hier Schwierigkeiten ersichtlich werden, so kann das Jugendamt bei Zustimmung des Elternteils einbezogen werden und Hilfe anbieten. Dies könnte z. B. eine sozialpädagogische Familienhilfe sein, die sowohl unterstützt als auch weiter beobachtet, ob die Kinder adäquat betreut werden können. Für schwierige Phasen, wie z. B. phasisch auftretenden Depressionen, kann geklärt werden, was es brauchen würde, um dem Kind die größtmögliche Stabilität zu bieten. Dies könnte beispielsweise sein, dass ein anderen Familienmitglied, z. B. der Opa, in diesen Zeiten mit da ist und das Kind mit betreut. Es könnte besprochen werden, dass das Kind in solchen Phasen ganz beim anderen Elternteil lebt und bei Verbesserung wieder die ursprünglichen Umgangszeiten aufgenommen werden. Es muss geklärt werden, an welchen Anzeichen der Beginn einer solchen Phase bemerkbar ist und welche Schritte dann unternommen werden sollten.

Zuweilen werden jedoch die Beratungen selbst durch eine psychische Erkrankung eines Elternteils torpediert. Hierbei handelt es sich oft um Personen mit nicht diagnostizierten Persönlichkeitsstörungen.

Beispiel

Eine Klientin mit einer abhängigen Persönlichkeitsstörung erschien in der Beratung. Die Trennung ihres Ex-Partners akzeptierte sie nicht. Immer wieder versuchte sie, Kontakt aufzunehmen und die Beziehung wiederherzustellen. Dazwischen hatte sie häufige Zusammenbrüche, bei denen sie laut weinte und schrie, dies auch in der Beratung und in Anwesenheit der Kinder. Die Kinder wurden von ihr in den Konflikt involviert. Die abhängigen Anteile in der Klientin waren so stark, dass eine Beratung mit dem Ex-Partner und ihr zusammen nicht möglich war. Sie benutzte die Beratung dazu, einen erneuten Versuch zu starten, den Partner zurückzugewinnen, dies besonders indem sie ihn emotional unter Druck setzte. Sie sagte, er sei schuld am Leiden der Kinder, da er sich getrennt habe. Die Kinder (9 und 11 Jahre alt) versuchten die Mutter zu stützen und waren 100 % loyal mit ihrer Mutter.

Solche Dynamiken sind sehr häufig in Beratungen zu erleben und hier wird oft keine befriedigende Lösung gefunden. Hier helfen dann nur noch grenzsetzende Interventionen des Gerichtes beziehungsweise Hilfeangebote der Jugendhilfe.

7.4 Individuelle Problematiken

Es könnten eine Vielzahl von Problematiken benannt werden, jede Problematik in sich ist sehr speziell und erfordert ein spezifisches beraterisches Handeln in Bezug auf die konkreten Menschen, die anwesend sind. Hier braucht es als Beratungsfachkraft eine hohe Achtsamkeit für die Betroffenen und deren psychischen Zustand. Sensibles Einfühlungsvermögen ist vonnöten, um auf die Gefühlslage der Eltern eingehen zu können.

Ausblick

Grundlegend für die Arbeit mit hochstrittigen Eltern ist die eigene Haltung als Beratungsfachkraft. Es kann schwierig sein, eine wertschätzende und wohlwollende Haltung gegenüber Klienten aufrecht zu erhalten, die aufgrund regressivem und impulsivem Verhalten oder starren Haltungen destruktive Konfliktmuster zeigen. Es ist sinnvoll, sich zu vergegenwärtigen, dass man sich als Berater nur punktuell, während der Beratung, im Streitfeld, befindet. Die Betroffenen und ihre Kinder befinden sich pausenlos in diesem Konfliktfeld, und man kann nachspüren, was für eine Belastung dies auf Dauer für alle bedeutet. Eine Entlastung durch Beratung ist daher ein großer Gewinn. Damit die Beratung erfolgreich sein kann, braucht es ein gezieltes Vorgehen und klare Rahmenbedingungen.

© Springer Fachmedien Wiesbaden GmbH 2018   47
S. Keil de Ballón, *Hocheskalierte Elternkonflikte nach Trennung und Scheidung*, essentials, https://doi.org/10.1007/978-3-658-19722-3_8

Was Sie aus diesem *essential* mitnehmen können

- Gestaltung günstiger Vorbedingungen für die Beratung
- Grundlagen in übersichtlicher Darstellung für die Beratung in hocheskalierten Elternkonflikten
- Darstellung konkret-praktischen Vorgehens in der Beratungspraxis
- Aufrechterhaltung einer eigenen wertschätzenden Haltung durch Verständnis der Konfliktentwicklung
- Ausgewählte Beratungsansätze

Literatur

Bernhardt, H. (2013). http://www.lag-bayern.de/fileadmin/user_upload/LAG/HPB_2013_ KINT_LAG_EB_-_Kopie.pdf. Zugegriffen: 17. Aug. 2017.
Glasl, F. (2011). *Konfliktmanagement. Ein Handbuch für Führungskräfte, Beraterinnen und Berater* (Bd. 10). Stuttgart: Verlag Freies Geistesleben.
Gugel, G., Jäger, U. (2009). *Streitkultur. Konflikteskalation und Konfliktbearbeitung.* (5. Aufl). Tübingen: Institut für Friedenspädagogik e.V.
Schulz von Thun, F. (2009). *Miteinander Reden*, Bd. 1 und 2., (47. Aufl.). Reinbek bei Hamburg: Rowohlt.

Weiterführende Literatur

Alberstötter, U., Schilling, H., & Weber, M. (Hrsg.). (2013). *Beratung von Hochkonflikt-Familien: Im Kontext des FamFG.* Weinheim: Beltz.
Bröning, S. (2009). *Kinder im Blick: Theoretische und empirische Grundlagen eines Gruppenangebotes für Familien in konfliktbelasteten Trennungssituationen.* Münster: Waxmann.
Dietrich, P. S., Fichtner, J. Dr., Halatcheva, M., Sandner, E., Weber, M. (2010). *Arbeit mit hochkonflikthaften Trennungs- und Scheidungsfamilien: Eine Handreichung für die Praxis. Verbundprojekt Kinderschutz bei hochstrittiger Elternschaft:* München: Deutsches Jugendinstitut e.V.
Fichtner, J. (2015). *Trennungsfamilien – lösungsorientierte Begutachtung und gerichtsnahe Beratung.* Göttingen: Hogrefe.
Fichtner, J., & Normann, K. (2013). *Hochkonflikthafte Trennungsfamilien: Forschungsergebnisse, Praxiserfahrungen und Hilfen für Scheidungseltern und ihre Kinder.* Weinheim: Beltz.
Figdor, H. (2012a). *Kinder aus geschiedenen Ehen: Zwischen Trauma und Hoffnung: Wie Kinder und Eltern die Trennung erleben.* Gießen: Psychosozial-Verlag.
Figdor, H. (2012b). *Patient Scheidungsfamilie: Ein Ratgeber für professionelle Helfer.* Gießen: Psychosozial-Verlag.

© Springer Fachmedien Wiesbaden GmbH 2018
S. Keil de Ballón, *Hocheskalierte Elternkonflikte nach Trennung und Scheidung,* essentials, https://doi.org/10.1007/978-3-658-19722-3

Pfeifer, W. K. P., Scheuerer-Englisch, H., & Suess, G. J. (Hrsg.). (2003). *Wege zur Sicherheit: Bindungswissen in Diagnostik und Intervention*. Gießen: Psychosozial-Verlag.

Rudolph, J. (2014). *Du bist mein Kind: Die „Cochemer Praxis" – Wege zu einem menschlicheren Familienrecht*. Berlin: Schwarzkopf & Schwarzkopf.

Schilling, H., & Weber, M. (Hrsg.). (2012). *Eskalierte Elternkonflikte: Beratungsarbeit im Interesse des Kindes bei hoch strittigen Trennungen* (2. Aufl.). Weinheim: Beltz.

Strobach, S. (2013). *Scheidungskindern helfen: Übungen und Materialien*. Weinheim: Beltz.

Printed in the United States
By Bookmasters